Glencoe Spanish 3

¡Buen viaje!

Writing Activities Workbook

Conrad J. Schmitt

Protase E. Woodford

Glencoe McGraw-Hill

New York, New York   Columbus, Ohio   Woodland Hills, California   Peoria, Illinois

Glencoe/McGraw-Hill

A Division of The **McGraw·Hill** *Companies*

Printed in the United States of America.

Send all inquiries to:
Glencoe/McGraw-Hill
8787 Orion Place
Columbus, OH 43240

ISBN 0-02-641834-7 (Writing Activities Workbook)
ISBN 0-02-641835-5 (Teacher's Edition, Writing Activities Workbook)

11 12 13 14 15   009   09 08 07 06 05

Writing Activities Workbook

Writing Activities Workbook

Contenido

CAPÍTULO **1**

Los viajes

CULTURA
Lugares de interés turístico

Vocabulario

A. Sinónimos Exprese de otra manera.

1. Ha disfrutado de *una estancia* muy *agradable.*

_____

2. Han *construido* un monumento en su honor.

_____

3. Han *gozado* de unas vacaciones fabulosas.

_____

4. Él es un tipo muy *apacible.*

_____

5. Todos *fueron* al borde del cañón.

_____

B. ¿Cuál es la palabra? Dé la palabra apropiada.

1. un género de ave (pájaro) de color blanco y negro que tiene alas muy cortas; vive en zonas

polares _____

2. un réptil que se llama también «tortuga de mar» _____

3. un camino empedrado (de piedras) _____

4. una colina; una altura _____

5. un paso estrecho entre montañas _____

6. un sólido que tiene base y, por caras, triángulos que se reúnen en el mismo punto

_____

C **En las montañas.**   Describa el dibujo.

_____

_____

_____

_____

_____

Comprensión

D **El turismo**   Conteste.

1. ¿En qué estación del año toma mucha gente sus vacaciones?

_____

2. ¿En qué lugares del mundo hispano hay playas fantásticas?

_____

_____

3. ¿Dónde hay ruinas arqueológicas interesantísimas (de sumo interés)?

_____

4. ¿Qué construyeron los mayas en Tikal?

_____

_____

5. ¿Qué hay en la península Valdés?

_____

E **¿Qué es y dónde está?** Identifique.

1. Rincón

_____

2. Machu Picchu

_____

3. Tikal

_____

4. Urubamba

_____

5. Punta Tombo

_____

F **Más sinónimos** Exprese de otra manera.

1. *La gente que pasa sus vacaciones de verano* en la Costa del Sol acude a la playa.

_____

2. Pasan *algunos* días en un balneario.

_____

3. Rincón está en la costa *oeste* de Puerto Rico.

_____

4. Machu Picchu *está a* unos 2.300 metros sobre el nivel del mar.

_____

5. No sabemos quiénes *construyeron* estas ruinas.

_____

6. Las ruinas *se hallan* en Petén, Guatemala.

_____

7. Gente de *raza* incaica sin duda construyeron estas ruinas.

_____

CONVERSACIÓN

Un vuelo anulado

Vocabulario

A

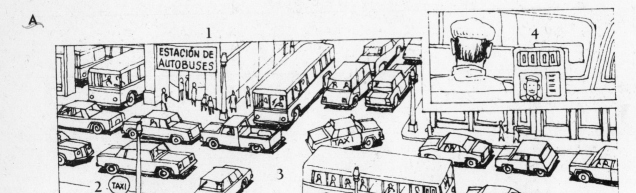

1. _____   3. _____

2. _____   4. _____

B **Siempre hay dos razones.**   Conteste de dos maneras a cada pregunta.

1. ¿Por qué perdió el señor el tren?

_____

_____

2. ¿Por qué tiene tanta prisa el señor?

_____

_____

3. ¿Por qué saldrá con retraso el avión?

_____

_____

4. ¿Por qué tienen que reembolsarle el dinero?

_____

_____

Comprensión

C. En avión, no. En tren, sí. Explique por qué el señor decidió tomar el tren a Sevilla y cómo fue del aeropuerto a la estación de ferrocarril.

_____

_____

_____

_____

LENGUAJE

A. Me hace falta información. Conteste.

1. ¿De dónde sale el tren para Sevilla?

_____

2. ¿Dónde está el hotel Alejandra?

_____

3. ¿A qué hora empieza la película?

_____

4. ¿Cuántas sesiones hay?

_____

B. Más preguntas Forme una pregunta con cada una de las palabras siguientes.

1. ¿Cuándo _____ ?

2. ¿Cuánto _____ ?

3. ¿Cómo _____ ?

4. ¿Cuál _____ ?

5. ¿Dónde _____ ?

6. ¿Adónde _____ ?

7. ¿Qué _____ ?

8. ¿Quién _____ ?

REPASO DE ESTRUCTURA

El pretérito

A. **Pasado o presente**   Indique si el adverbio expresa tiempo pasado o presente.

	PASADO	PRESENTE
1. ahora	_____	_____
2. ayer	_____	_____
3. este año	_____	_____
4. en este momento	_____	_____
5. hace un año	_____	_____
6. anoche	_____	_____
7. esta noche	_____	_____
8. el verano pasado	_____	_____

B. **En un café de Madrid**   Complete con el pretérito de los verbos.

Anoche yo _____ (sentarse) en la terraza de un café en la Castellana, una
                    1

calle bonita de Madrid. Yo _____ (comenzar) a mirar a la gente que pasaba
                              2

por el café. De repente un autobús _____ (pararse) en la esquina y
                                      3

_____ (bajar[se]) mi amigo Carlos. Él me _____ (ver) y
        4   5

_____ (sentarse) a la mesa conmigo. Nosotros dos _____
        6   7

(empezar) a hablar de muchas cosas. Luego él me _____ (invitar) a ir con él a
                                                    8

un mesón. Yo lo _____ (acompañar). En el mesón nosotros
                  9

_____ (comer) algunas tapas y _____ (escuchar) la música
        10   11

de los tunos. Nosotros _____ (pasar) unas horas muy agradables.
                          12

C **Unos días en Madrid** Escriba el párrafo en el pasado.

Mis amigos y yo pasamos unos días en Madrid. José, un amigo de mi hermano, me invita a ir al barrio viejo. Nos sentamos en la terraza de un café en la Plaza Mayor. Luego él me invita a ir a un mesón en la calle de Cuchilleros. Cuando entramos, José ve a otro amigo, Felipe. Felipe canta y toca la guitarra. Luego entran otros amigos y todos hablamos juntos. Llego a casa muy tarde pero no importa porque lo paso muy bien en Madrid.

_____

_____

_____

_____

_____

_____

D **En el mercado de Chichicastenango** Complete con el pretérito de los verbos.

El domingo pasado la muchacha _____ (salir) de casa muy temprano por la
                                              1

mañana. Ella _____ (salir) con su familia. Después de tres horas de viaje,
                       2

ellos _____ (llegar) al mercado de Chichicastenango. En el mercado sus padres
                3

_____ (vender) mucho. Ellos _____ (ganar) más de quince
        4   5

quetzales. En el mercado la muchacha _____ (ver) a sus amigos.
                                                   6

Ella _____ (hablar) con una amiga.
              7

—Hola, María. Yo no te _____ (ver) esta mañana cuando nosotros
                                      8

_____ (salir) de casa.
          9

—Pues, ¿a qué hora _____ (salir) Uds.?
                               10

—Nosotros _____ (salir) a les seis y media. ¿Y Uds.?
                      11

—Nosotros _____ (salir) más temprano, a eso de las seis.
                      12

—Ahora yo sé por que no nos _____ (ver).
                                          13

Pretérito de los verbos irregulares

E. **Una comida** Escriba frases según el modelo.

yo/langosta él/camarones (pedir)
Yo pedí langosta y él pidió camarones.

1. yo/pescado él/papas (freír)

_____

2. él/plato principal yo/ensalada (servir)

_____

3. él y yo/postre tú/café (pedir)

_____

4. todos ellos/postre yo/también (repetir)

_____

5. ellos/en seguida yo/también (dormirse)

_____

6. nadie/de hambre yo casi/de sed (morirse)

_____

F. **En la sala de emergencia** Escriba en el pasado.

1. El paciente pide ayuda cuando llega a la sala de emergencia.

_____

2. Los médicos consiguen cerrarle la herida.

_____

3. La enfermera viste al niño.

_____

4. ¿Por qué no pides anestesia?

_____

5. Los pacientes no se ríen de nada.

_____

G En un restaurante   Complete con el pretérito de los verbos.

1. Yo _____ un carro. (conducir)

2. Lupe _____ otro carro. (conducir)

3. Nosotros _____ a un restaurante bueno y económico en el campo. (ir)

4. El camarero _____ a la mesa. (venir)

5. Él _____ el menú y lo _____ en la mesa. (traer, poner)

6. La mayoría de nosotros no lo _____ comprender. (poder)

7. Ana nos lo _____. (traducir)

8. Nosotros _____ que pedir en español porque el camarero no comprendió ni una palabra de inglés. (tener)

9. Una vez él no comprendió y nos _____ una señal. (hacer)

10. Y luego nosotros se lo _____ otra vez. (decir)

11. Después de comer, nosotros _____ por los jardines. (andar)

12. Nadie _____ volver a la cuidad. (querer)

H En el mismo restaurante   Conteste.

1. ¿Quiénes condujeron?

_____

2. ¿Adónde fueron Uds.?

_____

3. ¿Qué hizo el camarero cuando vino a la mesa?

_____

4. ¿Quién tradujo el menú?

_____

5. ¿Por qué tuvo que traducir el menú?

_____

6. ¿Por qué fue necesario pedir en español?

_____

_____

7. ¿Por qué anduvieron Uds. por los jardines después de comer?

_____

_____

PERIODISMO

SAN ÁNGEL: *San Ángel, un oasis capitalino*

Vocabulario

A **Sinónimos** Exprese de otra manera.

1. bajar(se) del minibús _____

2. miniaturas de pájaros _____

3. el mercader _____

4. una calle estrecha _____

5. sacar fotografías _____

6. fabricar _____

7. el sitio _____

8. situado _____

B **Un bazar** Describa el dibujo.

_____

_____

_____

_____

_____

Comprensión

C. San Ángel, un oasis capitalino Explique por qué el autor del artículo dice que San Ángel es un oasis en la capital mexicana.

_____

_____

_____

_____

EL AVE: AVE: De Madrid a Sevilla en menos de tres horas

Vocabulario

A. Frases originales Escriba una frase con cada palabra.

1. recorrer _____

2. el trayecto _____

3. el tramo _____

4. el aseo _____

5. apetecer _____

Comprensión

B. EL AVE En sus propias palabras escriba una descripción del AVE.

_____

_____

_____

_____

_____

_____

EL TIEMPO

Vocabulario

A. **¿Qué tiempo hace?** En pocas palabras, describa el tiempo favorable para hacer lo que hacen las personas en los dibujos.

1. _____

2. _____

_____

3. _____

Comprensión

B. **El tiempo es importante.** Dé cinco razones por las cuales el pronóstico meteorológico les interesa mucho a los viajeros. ¿Por qué es muy importante el tiempo para ellos?

1. _____

_____

2. _____

3. _____

4. _____

5. _____

ESTRUCTURA

Formación del subjuntivo

A **Mañana quiero que mis amigos...** ¿Cuáles son cinco cosas que Ud. quiere que sus amigos hagan mañana?

1. _____

2. _____

3. _____

4. _____

5. _____

B **Mis padres quieren que yo...** ¿Cuáles son cinco cosas que sus padres quieren que Ud. haga?

1. _____

2. _____

3. _____

4. _____

5. _____

C **Espero que mis padres...** ¿Cuáles son cinco cosas que Ud. espera que sus padres hagan?

1. _____

2. _____

3. _____

4. _____

5. _____

Subjuntivo con expresiones impersonales

D. **Un tren sin locomotora** El tren está en la estación de ferrocarril. Pero hay un problema. No hay locomotora. ¿Qué va a pasar? Complete.

1. Es probable que _____.

2. Es posible que _____.

3. Es imposible que _____.

4. Es difícil que _____.

5. Es importante que _____.

E. **El avión va a salir tarde.** Hace mal tiempo. El avión sale con dos horas de retraso. ¿Qué va a pasar? Complete.

1. Es probable que _____.

2. Es posible que _____.

3. Es imposible que _____.

4. Es difícil que _____.

5. Es importante que _____.

F. **Un viaje** Complete.

1. Voy a hacer un viaje a _____. Pero antes de salir tengo mucho que

hacer. Es necesario que yo _____

_____

_____

2. Mi amigo(a) va a acompañarme. Durante el viaje quiero que él/ella _____

_____

_____

3. Durante el viaje es importante que nosotros _____

_____

_____

Subjuntivo en cláusulas nominales

G Preguntas personales   Complete.

1. Espero que (Tengo ganas de que) tú _____.

2. Francamente prefiero que tú _____.

3. Yo sé que tú quieres que yo _____.

4. Todo el mundo exige que (insiste en que) yo _____.

5. Pero yo insisto en que tú _____.

H El/La profesor(a)   Escriba cinco cosas que su profesor(a) de español insiste en que sus alumnos hagan.

1. _____

2. _____

3. _____

4. _____

5. _____

Sustantivos masculinos que terminan en a

I Palabras de origen griego   Complete con el artículo definido.

1. _____ mapas están en la guantera del carro.

2. No, _____ programa no está en la guantera.

3. No está funcionando _____ sistema eléctrico.

4. Recibí _____ telegrama esta mañana.

5. Él me indicó _____ días que estaría con nosotros.

Sustantivos femeninos en a, ha inicial

J Artículos y adjetivos   Complete con el artículo definido y el adjetivo.

1. _____ agua del océano es _____. (salado)

2. _____ armas de fuego son _____. (peligroso)

3. _____ hambre en aquel país es _____. (espantoso)

4. _____ águila tiene _____ ala _____. (roto)

5. _____ problema existe en _____ (todo)

   _____ área _____. (metropolitano)

LITERATURA

¡AL PARTIR!

Vocabulario

A **¿Qué es?** Identifique.

1. _____   4. _____

2. _____   5. _____

3. _____

B **La salida** Exprese de otra manera.

1. Todos *van* al muelle para ver la salida del *barco*.

_____

2. El barco va a *salir*.

_____

3. Primero tiene que *levantar* ancla.

_____

4. ¡Qué *tristeza!*

_____

Comprensión

〜 **¡Al partir!**   Lea el poema *¡Al partir!* Al leerlo dibuje lo que Ud. ve. Luego
escriba un párrafo para describir su dibujo.

_____

_____

_____

_____

_____

EL VIAJE DEFINITIVO

Vocabulario

A. La palabra apropiada Escoja.

1. _____ tiene alas.
   a. Un pájaro   **b.** Un árbol   **c.** Un pozo

2. _____ tiene agua.
   a. Un pájaro   **b.** Un árbol   **c.** Un pozo

3. _____ tiene hojas.
   a. Un pájaro   **b.** Un árbol   **c.** Un pozo

4. _____ tiene frutas y vegetales.
   a. Un árbol   **b.** Un huerto   **c.** Un campanario

B. Sinónimos Exprese de otra manera.

1. Ellos *permanecieron* allí sólo unos seis meses.

   _____

2. Luego *se marcharon*.

   _____

3. El campanario se encuentra en una plaza *tranquila*.

   _____

4. El campanario está rodeado de un pequeño *jardin*.

   _____

Comprensión

C. Juan Ramón Jiménez Conteste.

1. ¿Dónde nació Juan Ramón Jiménez?

   _____

2. ¿De qué sufrió Juan Ramón Jiménez?

   _____

3. ¿Cuándo fue a Madrid?

   _____

4. ¿Por qué escribía en una habitación acorchada?

_____

5. ¿En qué ciudad de los Estados Unidos vivió?

_____

6. ¿Con quién se casó?

_____

7. ¿De dónde era ella?

_____

8. ¿Por qué se desterró Jiménez?

_____

9. ¿Qué premio le fue otorgado?

_____

D **La muerte.** Explique la filosofía sobre la muerte que expone Juan Ramón Jiménez en su poema *El viaje definitivo*.

_____

_____

_____

_____

_____

_____

_____

_____

TEMPRANO Y CON SOL

Vocabulario

A **¿Cuál es la palabra?**   Dé la palabra apropiada.

1. los que viajan en tren o en avión _____

2. lo contrario de corto(a) _____

3. cambiar de tren _____

4. una persona que hace cosas locas _____

5. línea que divide dos países _____

6. un deseo fuerte o una obsesión _____

7. persona a quien se le paga por limpiar la casa _____

Comprensión

B **Pardo Bazán**   Conteste.

1. ¿Dónde nació Emilia Pardo Bazán? _____

2. ¿Qué título tenía? _____

3. ¿Qué tipo de mujer fue la condesa de Pardo Bazán? _____

   _____

4. ¿Qué tipo de novelas escribió? _____

5. ¿Qué describe en sus novelas regionales? _____

   _____

6. Además de las novelas, ¿cuál es otro género literario que cultivó la autora?

   _____

C **Temprano y con Sol**   Conteste.

1. ¿Dónde empieza la acción del cuento? _____

2. ¿Quiénes son los dos protagonistas del cuento? _____

3. ¿Cómo se conocieron los dos? _____

4. ¿Cuál fue un interés que los dos tenían en común? _____

_____

5. ¿Con qué soñaba Currín? _____

6. ¿Adónde querían ir los dos? _____

7. ¿Por qué no pudieron ir allí? _____

8. ¿Adónde fueron? _____

9. ¿Cómo termina el cuento? _____

D **Un cuento muy corto** Escriba.

Escriba uno o dos párrafos en forma de un cuento. El cuento trata de algo misterioso que ocurrió durante un viaje en tren.

_____

_____

_____

_____

_____

_____

_____

UN POCO MÁS

A. **Un folleto turístico**   Lea los siguientes informes que aparecen en un folleto turístico sobre la Costa del Sol en el sur de España.

DEPORTES

Los 140 kilómetros de litoral y la excepcional suavidad de su clima hacen de la Costa del Sol el lugar ideal para la práctica de toda clase de deportes. La primacia la ostentan los que tienen como escenario el mar: natación, remo, vela, windsurfing, pesca submarina.

Hay puertos deportivos y clubs náuticos en la mayoría de las localidades y pueblos.

TENIS

Pistas de tenis existen en la casi totalidad de las urbanizaciones y establecimientos hoteleros. Algunas están especialmente acondicionadas para la celebración de encuentros nocturnos.

Pueden alquilarse las raquetas, siendo los precios aproximados para una hora de juego entre 200 y 500 ptas.

Para los que deseen perfeccionar su estilo, existen asimismo unas escuelas con grandes profesionales como profesores.

EQUITACIÓN

La equitación es deporte que, en los últimos años, ha conocido un gran auge. Gracias a este gusto por la monta, se han abierto numerosas caballerizas donde pueden alquilarse caballos para toda clase de excursiones y paseos.

Igualmente existen gran número de pistas y profesores especializados que imparten sus clases en las especialidades de cercado y aire libre.

GOLF

El golf juega un papel importante en el conjunto de los deportes que se practican en la Costa del Sol. Trofeos como el Open de España y la World Cup han dado renombre a nuestros campos, hasta tal punto que bien puede llamarse a la Costa del Sol «la Costa del Golf». Su gran categoría obliga a reseñar los diferentes Campos existentes, con indicación de Par, número de Hoyos y Recorrido.

OFICINA DE INFORMACIÓN TURÍSTICA

SERVICIOS DE TRENES Y AUTOBUSES

Estación RENFE en Málaga c/Cuarteles. Telf. 31 25 00

Información y billetes: c/Strachan, 2. Telf. 21 33 22

Existe un ferrocarril suburbano que cubre, en ambos sentidos el trayecto Málaga-Fuengirola, con apeaderos en los aeropuertos nacional e internacional de Málaga. Los trenes circulan cada treinta minutos, desde las 6 hasta las 24 horas.

AUTOBUSES

Líneas regulares a Granada, Almería, Sevilla, Antequera (enlace con Córdoba) y Algeciras (enlace con Cádiz).

Autobuses, asimismo, a todas las localidades de la Costa del Sol, Occidental y Oriental.

Terminales en Málaga: Dirección Torre del Mar-Nerja: Plaza Toros Vieja, Telf. 31 04 00

Dirección Torremolinos-Marbella: Córdoba, 7, Telf. 22 73 00

B **La Costa Del Sol** Conteste en español según lo que ha leido en el folleto turístico.

1. ¿Qué trayecto cubre el tren suburbano?

_____

2. ¿Dónde hay apeaderos?

_____

3. ¿Con qué frecuencia circulan los trenes?

_____

4. ¿Cuántos kilómetros de litoral hay en la Costa del Sol?

_____

5. ¿Qué hace de la Costa del Sol un lugar ideal para la práctica de los deportes?

_____

6. ¿Dónde hay pistas de tenis?

_____

7. ¿Qué puede hacer el/la visitante si no tiene raqueta?

_____

8. ¿Por qué se han abierto numerosas caballerizas?

_____

9. ¿Por qué se puede llamar a la Costa del Sol «la Costa del Golf»?

_____

_____

C **Un anuncio** Lea el siguiente anuncio que apareció en el periódico *El País* de Montevideo.

INOLVIDABLES
VACACIONES CHILENAS

CON EL MÁS COMPLETO TOUR ANDINO

Viajes Continental y Thomas Cook le invitan
a pasar sus mejores vacaciones de julio en Chile.
Con un completísimo programa pensado para disfrutar, conocer, divertirse
y realizar compras.

CHILE COMPLETÍSIMO-julio

- Pasaje Aéreo MONTEVIDEO/
  SANTIAGO/MONTEVIDEO
- Copa de Bienvenida
- 07 NOCHES DE ALOJAMIENTO
  c/desayuno americano
- TRASLADOS IN/OUT
- CITY TOUR
- TOUR A VIÑA DEL MAR Y
  VALPARAISO

- TOUR AL CENTRO DE SKI DE
  FARELLONES
- TOUR A HACIENDA c/Almuerzo, Inc.
- VISITA A BODEGA CONCHA Y TORO
- CENA SHOW EN BALI HAI
- TOUR DE COMPRAS AL SHOPPING
  APUMANQUE

Precio **U$S 498** p. persona.
(base habitación doble)

Viajes CONTINENTAL International Ltda.
25 de Mayo, 732 - Tels.: 92 09 41   92 09 30

Thomas Cook

Le presenta el mundo Usted Elige

Calidad es nuestro estilo

D **Inolvidables vacaciones** Conteste en español según lo que ha leído en el anuncio.

1. ¿Qué país recomiendan para las vacaciones?

   _____

2. ¿Para qué mes?

   _____

3. ¿Cuál es el precio por persona?

   _____

E **¿Cómo se dice?** Busque la expresión equivalente en español?

1. airfare _____

2. 7 nights lodging _____

3. transfers _____

4. double room _____

F **Adivinanzas** Concha y Toro es una compañía chilena que produce muy buenos vinos. Explique en inglés lo que Ud. cree que sería «una bodega».

_____

_____

_____

_____

_____

G **Un nuevo servicio** Lea el siguiente anuncio que apareció en el periódico *El Comercio* de Quito, Ecuador.

ECUATORIANA
La aerolínea de las Américas

CHEQUEO ANTICIPADO

A partir del 15 de Junio se inició
en el Aeropuerto de Quito
el servicio de
CHEQUEO ANTICIPADO
para nuestros pasajeros.
Entre las 19h00 y 21h00
de todos los días se puede realizar
este chequeo para cualquiera
de los vuelos del día siguiente.
Quienes utilicen este servicio
recibirán su pase a bordo y podrán
presentarse una hora antes
de la salida de su vuelo en los
filtros de inmigración.

(315246)

H **En sus propias palabras** Explique en inglés de lo que trata el anuncio.

_____

_____

_____

_____

_____

_____

J   **El pronóstico meterológico**   Lea el pronóstico siguiente.

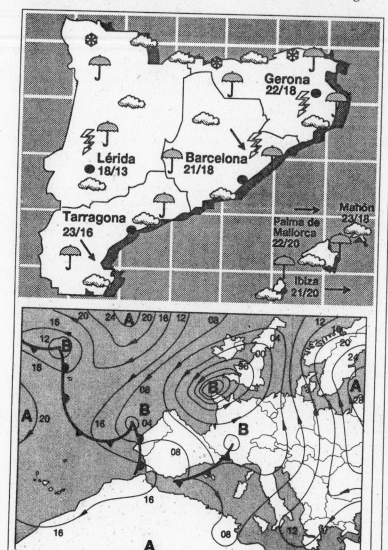

CATALUÑA / BALEARES

El cielo estará nuboso durante todo el día en el archipiélago, con lluvias frecuentes y vientos flojos del Noroeste. En nuestra comunidad seguirá el mal tiempo, con cielo muy nuboso o cubierto y precipitaciones frecuentes, siendo en forma de nieve por encima de los 1.500 metros en los Pirineos. Se producirán chubascos irregulares de origen tormentoso, tanto en distribución como en intensidad, que podrán alcanzar en algunas zonas una cierta intensidad, preferentemente en las proximidades de las montañas. Los vientos soplarán flojos del Noroeste en la desembocadura del Ebro, con brisas en la costa. Las temperaturas en ambas comunidades se mantendrán sin grandes cambios.

Estado del mar. Se formarán núcleos tormentosos con aguaceros y vientos racheados de intensidad muy variable. En general soplarán vientos flojos del Noroeste en Tarragona y Baleares, con marejadilla y una altura de olas entre 0,5 y 1 metros. En el resto de nuestras costas predominarán las brisas costeras. Las temperaturas en nuestras aguas oscilarán entre los 18° que tendrán en Gerona, Barcelona y Tarragona, los 19° que alcanzarán en las del norte de Baleares y los 20° que tendrán al sur del archipiélago.

J   **El tiempo en Cataluña y Baleares**   Describa en inglés el tiempo que hará en esta región.

_____

_____

_____

_____

_____

_____

_____

_____

K **Ahora en español** Describa de nuevo el tiempo que hará en esta región, pero ahora en español. Use sus propias palabras.

_____

_____

_____

_____

_____

_____

CAPÍTULO 2

Rutinas

Cultura

La vida diaria

Vocabulario

A **¿Cuál es la palabra?**   Dé la palabra apropiada.

1. la señora de la casa _____

2. los que tienen su residencia en el mismo barrio o en la misma zona de una cuidad o un

   pueblo _____

3. el que le enseña a alguien a hacer alguna actividad _____

4. presentarse, ir a _____

5. los trabajos o las actividades que uno hace _____

6. comida que se prepara y que se come rápidamente _____

B **Palabras relacionadas**   Dé una palabra relacionada.

1. el entrenamiento _____

2. la cosecha _____

3. el riego _____

4. la vecindad _____

5. la siembra _____

6. tejer _____

Nombre _____ Fecha _____

C   **En el altiplano**   Describa el dibujo.

_____

_____

_____

_____

_____

_____

_____

Comprensión

D   **La vida de Débora**   Describa la vida de Débora en Puerto Rico.

_____

_____

_____

_____

_____

_____

_____

E **La vida de Hipólito**   Describa la vida de Hipólito en Bolivia.

_____

_____

_____

_____

_____

_____

_____

_____

F **Diferencias**   Explique algunas diferencias entre la rutina de Débora y la de Hipólito. Explique por qué existen estas diferencias.

_____

_____

_____

_____

_____

_____

G **¿Qué es o quién es?**   Identifique.

1. el entrenamiento _____

2. la cosecha _____

3. el riego _____

4. la vecindad _____

5. la siembra _____

6. tejer _____

Conversación

La estudiante extranjera

Vocabulario

A **¿Cuál es la palabra?** Complete.

1. Nosotros vivimos en uno de los _____ más antiguos de la ciudad.

2. Vivimos en un apartamento en un edificio alto, no en una casa _____.

3. Hay una habitación para mí solo, ahora tengo mi _____ habitación.

4. Hay mucho transporte público, hay una parada de bus y una _____ al lado de casa.

5. Yo creo que tú _____ viviendo allí, estarás muy contenta.

B **Definiciones** Escriba la palabra que se define.

1. una persona que viene de la región de Valencia _____

2. algo que no es una necesidad, pero que uno quiere _____

3. el tiempo que se indica para diferentes actividades, también la lista de llegadas y salidas de aviones, trenes, etc. _____

4. habituarse, familiarizarse _____

5. muy extraño, extravagante, muy diferente _____

Comprensión

C **Donde vivo yo.** Describa su casa, su barrio y a su familia con todo el detalle posible.

_____

_____

_____

_____

_____

_____

Lenguaje

A. **En la mesa** Prepare una conversación que puede tener lugar entre un anfitrión y sus invitados.

_____

_____

_____

_____

_____

_____

_____

_____

B. **Una invitación** Prepare una conversación. Alguien le invita a un(a) amigo(a) o a un(a) conocido(a) a hacer algo. Ud. puede decidir si la persona acepta la invitación o no.

_____

_____

_____

_____

_____

_____

_____

_____

Repaso de estructura

El imperfecto

A. **Don Quijote y Sancho Panza**   Complete con el imperfecto de los verbos.

Don Quijote _____ (ser) un caballero andante. Él _____ (ir)
            1   2

a luchar contra los males del mundo. Don Quijote _____ (tener) un escudero
                        3

que _____ (llamarse) Sancho Panza. Sancho _____ (ser)
     4   5

bajo y gordo. Don Quijote siempre _____ (hacer) cosas que Sancho no
                               6

_____ (querer) hacer. Don Quijote _____ (creer) que
     7   8

algunos molinos de viento _____ (ser) gigantes y él los
                       9

_____ (querer) atacar. Sancho _____ (creer) que Don
     10   11

Quijote _____ (estar) loco.
     12

B. **Una señora generosa y rica**   Complete con el imperfecto de los verbos.

1. La señora Martín _____ en México. (vivir)

2. Todos los días el chófer la _____ al mercado. (llevar)

3. Allí ella _____ comida y otras cosas que _____.
   (comprar, necesitar)

4. Cuando ella _____ al mercado ella le _____ monedas a
   los pícaros que de costumbre la _____ en la calle. (ir, dar, esperar)

5. Los niños _____ que esta señora rica _____ muy
   generosa. (saber, ser)

6. Por la tarde la señora _____ a casa. (volver)

C **Una excursión con papá** Complete con el imperfecto de los verbos.

1. Cuando Pablo _____ muy joven, él _____ con frecuencia a las montañas. (ser, ir)

2. Su padre lo _____ siempre. (acompañar)

3. Ellos _____ casi todos los sábados. (ir)

4. Cuando ellos _____ a las montañas, _____ una merienda. (llegar, preparar)

5. Papi _____ el almuerzo y Pablito _____ la mesa plegable. (preparar, poner)

6. _____ un lago en las montañas. (haber)

7. Pablo _____ en el lago cuando _____ buen tiempo. (nadar, hacer)

8. A Pablo le _____ mucho estas pequeñas excursiones con papi. (gustar)

El imperfecto y el pretérito

D **Depende de cuándo** Escoja.

1. ¿A qué hora _____ anoche?
   a. llegabas **b.** llegaste

2. Siempre _____ bien.
   a. jugaba **b.** jugó

3. En la universidad _____ todas las noches.
   a. estudiábamos **b.** estudiamos

4. Ellos _____ el otro día.
   a. venían **b.** vinieron

5. Carlos me lo _____ ayer.
   a. decía **b.** dijo

6. Alguien te _____ por teléfono hace una hora.
   a. llamaba **b.** llamó

7. La profesora _____ el poema para la clase.
   a. traducía **b.** tradujo

8. María _____ cuando su padre llamó por teléfono.
   a. comía **b.** comió

E **Cuando era niño(a)**   Complete con el pasado de los verbos.

Cuando yo _____ (ser) niño(a), yo _____ (levantarse)
                   1   2

temprano los sábados. A las seis de la mañana, yo _____ (salir) de casa con
                                                              3

mi familia. En el invierno nosotros _____ (ir) a las montañas y en el verano
                                                4

_____ (ir) a la playa. En las montañas yo siempre _____
         5   6

(esquiar). En la playa toda la familia _____ (nadar). Nosotros
                                                     7

_____ (correr) las olas o _____ (tomar) el sol.
         8   9

Una vez mi hermano menor _____ (ponerse) enfermo. Por eso
                                            10

_____ (tener) que volver a casa temprano. Mi madre _____
       11   12

(llamar) al médico y él _____ (venir) en seguida. Él _____
                                 13   14

(examinar) a mi hermanito y nos _____ (decir) que él había tomado
                                          15

demasiado sol.

Dos acciones en la misma oración

F **¿Qué lo interrumpió?**   Complete con el pasado de los verbos.

1. Mamá _____ cuando papi _____ por teléfono.
   (comer, llamar)

2. Yo _____ cuando me _____. (esquiar, caer)

3. Tomás, ¿a qué _____ cuando yo te _____?
   (jugar, ver)

4. Los jóvenes _____ cuando el profesor _____.
   (estudiar, llegar)

5. Yo _____ en el sofá cuando mis amigos me _____.
   (dormir, despertar)

PERIODISMO

EL VOTO PARA LOS JÓVENES

Vocabulario

A. Las edades   Complete con una palabra apropiada.

1. Es un nene, es un _____, nació en marzo y sólo tiene unos meses.

2. La señora tiene un _____ de ocho años y una _____ de seis.

3. Aunque mucha gente cree que Luis es viejo, no lo es, la verdad es que es

   _____.

4. Tú no eres ningún niño. Tienes veintiún años. Eres un _____.

5. Se debe tratar a las _____ con respeto.

6. Una forma más bonita de decir «viejos» es decir que son de la _____.

7. Esa señora es muy, muy vieja, es una _____.

B. Preguntas personales   Conteste.

1. ¿A qué edad cree Ud. que una persona es adulta?

   _____

2. ¿A qué edad debe una persona poder jubilarse?

   _____

3. ¿Debe el gobierno asegurar una pensión a todo el mundo?

   _____

4. ¿Quién debe suministrar las pensiones, en su opinión?

   _____

5. ¿Cree Ud. que el discernimiento es función de la edad?

   _____

Comprensión

C. Opiniones   En el artículo «El voto para los jóvenes» se dice que se debe rebajar la edad para votar. ¿Cree Ud. que se debe rebajar la edad para votar en los EE.UU? ¿Cuál debe ser la edad mínima para votar? Defienda sus opiniones.

_____

_____

_____

_____

_____

_____

_____

_____

_____

D. Frases originales   Escriba una frase con cada palabra.

1. proponer _____

2. aumentar _____

3. audaz _____

4. el/la ciudadano(a) _____

5. el derecho _____

6. el envejecimiento _____

7. la capacidad _____

EL PRIMER DÍA DE CLASES: *Carteras*

Vocabulario

A **Palabras relacionadas** Dé una palabra relacionada.

1. aprender, el aprendizaje _____

2. la hoja _____

3. el sueño _____

4. preciso, precisamente _____

5. el dinero _____

6. la ilusión _____

Comprensión

B **Carteras** ¿Cómo dice el artículo lo siguiente?

1. los alumnos _____

2. son el futuro _____

3. su futuro _____

4. han costado mucho _____

5. vacaciones de verano _____

6. buenos resultados y malos resultados _____

7. todas las cosas que necesitan _____

C **Opiniones** El artículo «Carteras» se refiere a las emociones que muchos alumnos sienten el primer día de clases después del verano. Escriba sobre las emociones que Ud. siente cada vez que vuelve a las clases después de las vacaciones veraniegas.

_____

_____

_____

_____

_____

ESTRUCTURA

Subjuntivo con expresiones de duda

A **¿Lo crees o no?**   Complete con el subjuntivo o el indicativo de los verbos.

1. Yo creo que ellos _____ a tiempo pero Juan duda que ellos

   _____ a tiempo. (llegar)

2. Yo estoy seguro(a) que ellos _____ asistir pero Juan dice que es dudoso

   que ellos _____ asistir. (querer)

3. Yo no estoy seguro(a) que él _____ razón pero Juan no duda que él

   _____ razón. (tener)

4. No hay duda que nosotros _____ a saber dentro de poco quién tiene

   razón. (ir)

B **¿Qué cree Ud.?**   ¿Van a llegar a tiempo o no? ¿Quieren asistir o no? ¿A qué quieren asistir o
no asistir? Diga todo lo que Ud. cree y todo lo que Ud. no cree. Use su imaginación.

_____

_____

_____

_____

_____

Subjuntivo con verbos especiales

C **¿Consejos o mandatos?**   Complete según el dibujo. Use el verbo *fumar*.

1. El señor les pide que _____.

2. Mamá me aconseja que _____.

3. El profesor nos recomienda que _____.

4. El médico te manda que _____.

D **Mi amigo(a)** Relate una discusión que Ud. ha tenido con su mejor amigo(a).

Él (Ella) me aconseja que _____.

Y yo le recomiendo que él (ella) _____.

Él (Ella) me sugiere que _____.

Y yo le pido que _____.

Él (Ella) me dice que _____.

Y yo le digo a él (a ella) que _____.

E **¿Por qué?** Diga por qué su amigo(a) de la Práctica D le aconseja lo que le aconseja y por qué Ud. le recomienda a su amigo(a) lo que Ud. le recomienda.

_____

_____

_____

_____

_____

_____

Subjuntivo con expresiones de emoción

F **Sentimientos** Complete.

Me gusta que mis amigos _____

_____

_____

_____

Pero me entristece que mis amigos _____

_____

_____

_____

G   **Emociones y reacciones**   Complete esta conversación entre Ud. y un(a) buen(a) amigo(a).

—Estoy contento(a) que tú _____ .

—Pero estoy triste que tú _____ .

—Francamente me sorprende que tú _____ .

—Siento que tú _____ .

—A mi parecer, es una lástima que tú _____ .

H   **Una carta**   Escríbale una carta a otro(a) amigo(a), explicándole el problema que existe entre Ud. y su amigo(a) de la Práctica G.

_____

_____

_____

_____

_____

_____

_____

_____

_____

_____

LITERATURA

SUEÑOS

Vocabulario

A **¿Quién es el señor?**   Complete según el dibujo.

Este señor tiene _____ y una barba larga. Él no necesita una

_____ porque nunca se afeita. El señor va a _____ a su

victrola pero antes tiene que ponerse los _____ para poder leer el título del

disco. En la pared cerca del señor cuelga una _____.

B **Sinónimos**   Exprese de otra manera.

1. *La señal* luminosa indica que no se puede fumar.

_____

2. El señor está *cruzando* la calle.

_____

3. Están *tirando* un saco grande de cereales.

_____

4. Tiene que ponerse *las gafas*.

_____

Comprensión

C **¿Cuál prefiere?**   Existen varias versiones del poema «Sueños». Esta versión termina: *Sueño también que se me cae el pelo*. Otra versión termina: *Sueño también que se me caen los dientes*. Comente sobre las diferencias. ¿Por qué cree que el autor escribió dos versiones? ¿Cuál prefiere Ud. y por qué?

_____

_____

_____

_____

_____

_____

_____

D **Un antipoeta**   Nicanor Parra describe un «antipoeta» de esta manera:

¿Qué es un antipoeta?
¿Un comerciante en urnas y ataúdes?
¿Un general que duda de sí mismo?
¿Un sacerdote que no cree en nada?
¿Un bailarín al borde del abismo?
¿Un poeta que duerme en una silla?

Comente. ¿Cuál de las descripciones es la más válida? ¿Cómo describiría Ud. a un antipoeta?

_____

_____

_____

_____

_____

_____

_____

COMO AGUA PARA CHOCOLATE

Vocabulario

A **Frases originales** Escriba una frase original con cada palabra o expresión.

1. la miel _____

2. la gota _____

3. ajeno _____

4. vaciar _____

5. destrozar _____

B **Sinónimos** Exprese de otra manera.

1. Es de color *rojo muy intenso*.

_____

2. El cocinero *arrojó o vertió* todo el contenido de la olla en el fregadero.

_____

3. Hay que tener mucho cuidado para no *cambiar* la textura.

_____

4. Ellos creían que su secreto nunca se iba a *descubrir*.

_____

5. Ella agregó *unas minúsculas partículas* de miel al turrón.

_____

C **Los personajes**   Escoja tres de los siguientes personajes y escriba todo lo que pueda sobre ellas.

1. Tita

2. Nacha

3. Rosaura

4. Mamá Elena

5. La madre de Mamá Elena

6. Gertrudis

_____

_____

_____

_____

_____

_____

_____

_____

_____

D Escriba una receta detallada para un plato típico norteamericano.

_____

_____

_____

_____

_____

_____

_____

Un POCO MÁS

A **Titulares** Lea los siguientes titulares de varios periódicos hispanos.

a

Subirán las gasolinas por la devaluación de la peseta

b

Los trabajadores del metro de Barcelona ratifican la huelga de hoy

c

Largas demoras en los talleres mecánicos para aceptar la reparación de automóviles

Escaso servicio para más coches y cada día más viejos

d

Anulada la huelga del servicio de basura ante la presión municipal

e

La vuelta al «cole» atascó la ciudad

La autopista M-30 estuvo colapsada dos horas y media más de lo habitual

B **¿Qué significa?** Emparee el titular con la información que provee.

1. _____ Expect long waits if you take your car to be fixed.

2. _____ Gas prices are going up.

3. _____ Subway workers are going to be on strike.

4. _____ Back-to-school day created havoc with the traffic.

5. _____ The sanitation workers cancelled their threat to strike.

C **Un anuncio** Una tarea diaria importantísima en casi todas las culturas es la compra de los comestibles. Lea el siguiente anuncio que apareció en un periódico español.

Detergente **ARIEL**, 5 kgs. **695**

Aceite de oliva **LA MASIA**, 1º, 1 l. **285**

Café soluble **NESCAFE**, natural **495**

Foie-grás **APIS**, lata 115 grs. **25**

Mayonesa **YBARRA**, 450 grs. . . **148**

Chocolate **MILKA** **85**

Lata de **COCA-COLA** . . **33**

Por cada 3.000 Ptas. de compra además de una participación para el sorteo del coche, puede encontrar valiosos regalos en los sobres sorpresa.

ESTE COCHE PUEDE SER SUYO

CONTINENTE

D **El supermercado**   Conteste brevemente en español según el anuncio.

1. ¿Cuál es la marca de la mayonesa? _____

2. ¿Qué es Ariel? _____

3. ¿Cuanto foie-grás contiene una lata? _____

4. ¿Cuál es la marca del aceite de oliva? _____

5. ¿Cuánto cuesta una lata de Coca-Cola? _____

E **Este coche puede ser suyo.**   Explique en inglés por qué hay un dibujo de un coche en el anuncio de Continente.

_____

_____

_____

_____

_____

F. **Un anuncio** Lea el siguiente artículo que apareció recientemente en el periódico *El País* de Madrid.

Vigilantes contra los 'novillos'

Guardias urbanos impedirán el absentismo escolar en un distrito de Barcelona

CARLES COLS

El consejo del distrito de Ciutat Vella de Barcelona ha iniciado este curso la aplicación de un programa municipal destinado a evitar el absentismo escolar, mediante la coordinación de la Guardia Urbana con unos equipos de trabajo que pueda atender particularmente a cada uno de los niños que *hacen novillos*. El proyecto, único en España por sus características, incluye desde la detección de los niños por parte de los agentes hasta su reinserción en la vida escolar después de haber analizado el motivo que propició el absentismo. Uno de los ejes básicos del plan se resume en el principio: es mejor una escuela mala, que ninguna escuela.

Según los responsables del programa, uno de las peores consecuencias del absentismo escolar es que los estudiantes pasan en la calle la mayor parte de las horas que deberían ser lectivas. En el caso de Ciutat Vella este hecho es especialmente preocupante ya que las calles de este distrito del centro de Barcelona son una *escuela de la vida* que enseña lo que es la delincuencia, el tráfico de drogas y la prostitución.

No existen datos comparativos sobre cual es el porcentaje de absentismo de los cuatro barrios que componen el distrito (Barceloneta, Casc Antic, Gòtic y Raval) en relación al resto de la ciudad, pero el hecho que preocupa a los responsables políticos de Ciutat Vella no es la cantidad de niños que no van a clase sino que en estos cuatro barrios, por sus especiales características, no ir a la escuela puede impedir salir de la marginalidad.

La participación de la Guardia Urbana en el programa no se limita a la simple *detención* de los absentistas. Durante las primeras semanas de aplicación del plan todos los agentes del distrito participarán en la localización de niños de entre seis y 14 años de edad que no estén en las escuelas en horas de clase. Sin embargo, progresivamente, está previsto destinar a un número determinado de agentes a este trabajo. Los guardias municipales serán seleccionados en función de su experiencia con niños y de la motivación que puedan tener por problemáticas de la infancia.

Según el responsable de la Guardia Urbana en Ciutat Vella, Xavier Vilaró, la ventaja de destinar a este servicio siempre a los mismos agentes es que, previsiblemente, algunos niños reincidirán en el absentismo.

Notificación oficial

La participación de la Guardia Urbana en el proyecto tiene una doble función, según explica el responsable del área de enseñanza del distrito, Eduard Cabús. Los agentes envían a los padres del niño una notificación en la que se les advierte que su hijo ha incumplido "la obligatoriedad de la enseñanza básica reconocida por la Ley Orgánica del Derecho a la Educación (LODE)" y que por tanto deben dirigirse al Centro de Servicios Personales de su barrio. La notificación acaba advirtiendo que el incumplimiento de la citación "puede provocar la toma de las acciones legales pertinentes".

El hecho de que la Guardia Urbana notifique con esta solemnidad que el niño estuviera en la calle en horas de clase persigue, según Cabús, forzar a los padres a ponerse en contacto con los educadores, objetivo que a menudo no se consigue si es la escuela quien informa sobre el absentismo del estudiante.

Existe una experiencia previa en este sentido que intentó llevarse a cabo en Santa Coloma de Gramanet, una localidad del extrarradio de Barcelona. En aquella ocasión, la Guardia Urbana podía multar a los niños que no fueran a la escuela.

El objetivo en este caso era el mismo: que los padres se pusieran en contacto con los profesores del niño y que tomaran interés por el problema.

Las competencias de los ayuntamientos en materia educativa incluye, entre otras, la vigilancia del cumplimiento de las escolarización obligatoria. Este punto está recogido en la Ley Reguladora de las Bases de Régimen Local. Pero ya anteriormente, una ley de 1955, actualmente derogada, afirmaba que los alcaldes "tenían que velar por el cumplimiento de la obligatoriedad escolar y que podían sancionar con multas, en la cantidad autorizada, la falta de asistencia a las escuelas". En Ciutat Vella, el programa prevé el tratamiento especializado de cada uno de los casos de absentismo.

La primera intervención que realiza el Equipo de Absentismo cuando los agentes le entregan un niño es comprobar si éste está matriculado en alguna escuela y, en el caso de que no sea así, inscribirle en el centro público que esté más cercano a su domicilio. Posteriormente estudiará el motivo por el que el niño no estaba matriculado y, suponiendo que sea por falta de recursos económicos de los padres, la asistente social del equipo se encargará de solucionar el problema.

Los Equipos de Absentismo están compuestos por: un asistente social, un psicólogo y un *educador de calle*. Este último es el encargado de facilitar la utilización por parte del niño de los espacios de ocio de que dispone el distrito, como los centros deportivos y las ludotecas.

Diagnóstico

Después de entrevistar al niño, el equipo realiza un diagnóstico sobre cuáles son las causas que han provocado el absentismo. Si el estudiante no va a clase por falta de recursos materiales, el responsable de su seguimiento es el asistente social. Suponiendo que el absentismo esté motivado por algún problema que el niño tenga con sus compañeros de clase, el encargado de analizar su caso es el *educador de calle*. Si el problema es de tipo familiar o de relación con los profesores, el responsable será el psicólogo.

Uno de los objetivos del programa es realizar una ficha técnica que permita conocer cuál es la situación real del absentismo en Ciutat Vella. Pero según los responsables del programa, la labor del distrito se limita sólo a evitar el absentismo y no a la lucha contra el fracaso escolar, ya que ocurre en el interior de las escuelas y es responsabilidad de la administración autonómica. Este hecho aconseja, explica uno de los autores del proyecto, la necesidad de coordinar el trabajo realizado desde el consejo de Ciutat Vella con el de otras instituciones con competencias relacionadas con el tema. Así, no se descarta que en el futuro el plan de lucha contra el absentismo se extienda al resto de Barcelona, ya que una de las dificultades con las que choca el programa es que en algunas ocasiones los niños localizados por la Guardia Urbana están escolarizados en otros distritos.

G **Un resumen** Escriba un resumen corto del artículo en inglés.

_____

_____

_____

_____

_____

_____

H **¿Cómo se dice?** Busque en el artículo la expresión equivalente en español.

1. work teams _____

2. to play hooky _____

3. school hours _____

4. social worker _____

5. scholastic failure _____

6. recreation areas _____

I **Preguntas** Conteste en inglés.

1. What is one of the worst consequences of school absenteeism or truancy?

_____

2. In the beginning stages of the program, what will most of the participating officers do?

_____

3. How will the parents be notified and what must they do?

_____

4. Who will make up the "truancy teams"?

_____

5. What will the team prepare after interviewing the truant student?

_____

6. What student will work with a social worker? With a "street teacher"? With a psychologist?

_____

J **Una comida favorita**   Lea la siguiente receta.

Gazpacho

una barra de 1/2 kg de pan   aceite, vinagre, agua necesaria
1/4 de kilo de tomates   para cinco personas
una cebolla grande   pepino en cuadraditos menudos
un par de dientes de ajo   pimiento verde en cuadraditos
un pepino de tamaño corriente   también

Se pone en remojo el pan durante tres horas. Cuando esté bien empapado se desmenuza y se junta con los tomates, la cebolla, ajo y pepino. Todos estos ingredientes se machacan en el mortero y se pasan después por el prensapurés. Se añade aceite y se remueve como para la salsa mayonesa, teniendo cuidado de que no se corte; después se añade vinagre, se sigue removiendo y se deja reposar una hora. Luego se añade el agua necesaria para el número de personas dado.

Se sirve con cuadraditos de pepino y pimiento verde.

K **¿Sabe prepararlo?**   Conteste según la receta.

1. ¿Para qué es la receta? _____

2. ¿Qué ingredientes lleva? _____

3. Después de hacer el puré, ¿por cuánto tiempo se deja reposar? _____

4. Y después, ¿qué se añade? _____

L **¿Cómo se dice?**   Busque una expresión equivalente en español en la receta.

1. to soak _____

2. a loaf (of bread) _____

3. a clove of garlic _____

4. regular size _____

5. to combine with _____

6. to mash _____

7. to stir (up) _____

CAPÍTULO **3**

Pasatiempos

CULTURA
El tiempo libre

Vocabulario

A **¿Qué es o quién es?**   Identifique.

1. _____   2. _____   3. _____

4. _____   5. _____   6. _____

B **Sinónimos** Exprese de otra manera.

1. *Los jóvenes* van a tomar parte en el desfile.

   _____

2. Las fiestas en honor del santo patrón van a *terminar* el sábado.

   _____

3. Éste es un lugar muy *quieto*.

   _____

C **Lo contrario** Paree.

1. _____ tranquilo   **a.** la joven, la moza

2. _____ el varón   **b.** empezar

3. _____ el mozo   **c.** turbulento, agitado, revuelto

4. _____ el danzarín   **d.** la vaca

5. _____ el toro   **e.** la hembra

6. _____ la acera   **f.** la calle

7. _____ acabar   **g.** el cantante

Comprensión

D **Un poco de descanso** Explique en español.

1. ¿En qué piensa el anglosajón cuando dice «weekend»?

   _____

2. ¿Por qué es reciente el concepto del fin de semana en las culturas hispanas?

   _____

3. ¿Qué significa «la semana inglesa»?

   _____

4. Si el trabajador hispano no tiene sus dos días feriados cada semana, ¿cómo consigue sus días libres?

   _____

E **¿Qué fiesta es?** Identifique.

1. Los madrileños desfilan por las calles con una imagen de su santo patrón.

   _____

2. Los mozos andan por las calles vestidos de blanco llevando una faja roja y una boina roja.

   _____

3. Tiene lugar en Pamplona el siete de julio. _____

4. Grupos de danzarines y músicos disfrazados llevando máscaras y caretas desfilan por las

   calles. _____

F **Una fiesta imaginaria** Describa una fiesta que a Ud. le gustaría celebrar. Use su imaginación.

_____

_____

_____

_____

_____

_____

_____

_____

_____

CONVERSACIÓN
El Teatro

Vocabulario

A   **¿Qué es?**   Identifique.

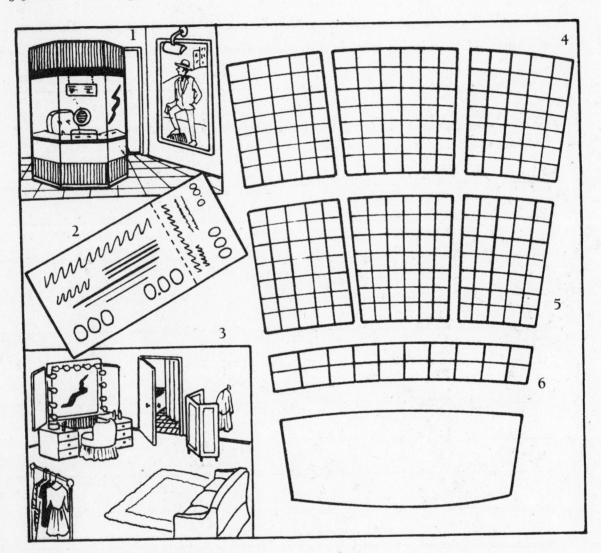

1. _____   4. _____

2. _____   5. _____

3. _____   6. _____

Comprensión

B **Un teatro o un cine** Describa un teatro o un cine cerca de donde Ud. vive.

_____

_____

_____

_____

_____

_____

C **Un filme que he visto** Escriba un resumen de un filme que Ud. ha visto recientemente.

_____

_____

_____

_____

_____

_____

_____

LENGUAJE

A **Gustos personales**   Prepare una lista de cinco cosas que a Ud. le gustan. Explique por qué le gustan.

1. _____

2. _____

3. _____

4. _____

5. _____

B **Intereses personales**   Prepare una lista de cinco cosas que a Ud. le interesan. Explique por qué le interesan.

1. _____

2. _____

3. _____

4. _____

5. _____

C **Desagrados**   Prepare una lista de cinco cosas que a Ud. no le gustan—que no le agradan. Explique por qué no le gustan.

1. _____

2. _____

3. _____

4. _____

5. _____

D. **Unos cursos aburridos** Indique los cursos que Ud. encuentra aburridos, sin interés. Explique por qué le dejan frío(a).

_____

_____

_____

_____

_____

_____

_____

_____

_____

_____

_____

_____

REPASO DE ESTRUCTURA

Verbos especiales con complemento indirecto

A. Reacciones   Exprese las siguientes ideas en español.

1. That *(Eso)* really bothers me.

   _____

2. It surprises me.

   _____

3. It scares me.

   _____

4. It makes me angry.

   _____

B. Un episodio ficticio   ¿Qué pasó en la Práctica A? Use su imaginación.

_____

_____

_____

_____

_____

_____

_____

C. Personalmente   Complete.

1. Él me enfurece porque _____.

2. Él me enoja porque _____.

3. Él me sorprendió porque _____.

4. Él me asustó porque _____.

Los verbos gustar y faltar

D. Preferencias   Escriba cada oración cambiando el verbo *preferir* en *gustar más*.

1. Prefiero los tostones.

   _____

2. Juan prefiere los tacos.

   _____

3. ¿Prefieres un buen lechón asado?

   _____

4. Preferimos los frijoles.

   _____

5. Preferimos la comida mexicana.

   _____

6. Las muchachas prefieren la paella.

   _____

7. ¿Prefieren Uds. la carne de res?

   _____

E. Necesidades   Escriba cada oración cambiando el verbo *necesitar* en *faltar*.

1. Necesito tiempo.

   _____

2. ¿Necesitas dinero?

   _____

3. Ellos necesitan cambio.

   _____

4. Necesitamos unos días de descanso.

   _____

Ser y estar

F **¿Ser o estar?** Complete con la forma apropiada de *ser* o *estar*.

1. ¿De dónde _____ yo? Yo _____ de

   _____ .

2. Mi padre _____ de _____ .

3. Mi madre _____ de _____ .

4. Ahora nosotros _____ en _____ .

5. Nuestra casa _____ en la calle _____ .

6. La calle _____ en _____ .

7. La calle _____ ancha.

8. Nuestra casa _____ pequeña.

9. Las flores que _____ en la mesa _____ de nuestro
   jardín.

10. Las flores _____ amarillas y rojas.

G **¡Pobre Joselito!** Escoja.

1. Joselito _____ cansado.

   a. está   **b.** es

2. No se siente bien. _____ enfermo.

   a. Está   **b.** Es

3. Él _____ en el hospital.

   a. está   **b.** es

4. El enfermero que lo cuida _____ muy simpático.

   a. está   **b.** es

5. Él _____ bastante joven.

   a. está   **b.** es

6. Siempre _____ de buen humor.

   a. está   **b.** es

7. Siempre tiene una sonrisa. Nunca _____ triste.

   a. está   **b.** es

8. Su personalidad _____ muy agradable.

   a. está   **b.** es

H Lloret de Mar   Complete con la forma apropiada de *ser* o *estar*.

1. Lloret de Mar _____ en la costa de España, en Cataluña.

2. La playa de Lloret de Mar _____ muy bonita.

3. Anita y Carlos _____ muy contentos.

4. Ellos _____ de Madrid pero ahora _____ en Lloret de Mar donde están pasando sus vacaciones.

5. Ellos _____ de camping.

6. Ellos tienen un montón de amigos que _____ de todas partes de Europa.

7. Tienen una tienda de campaña que no _____ muy grande.

8. Hay un saco para dormir en la tienda y cuando Carlos _____ cansado, él echa una siesta.

El imperativo

I ¿Qué debo hacer para llegar al centro?   Complete con el imperativo de los verbos. Use la forma de *Ud.*

1. _____ Ud. la avenida Dos de Mayo. (tomar)

2. _____ Ud. derecho cinco cuadras. (seguir)

3. Luego _____ Ud. a la derecha en la calle Silva. (doblar)

4. _____ Ud. unos cien metros y _____ a la derecha donde queda la iglesia. (seguir, doblar)

5. _____ derecho hasta llegar a la estatua del emperador. (continuar)

6. Al llegar a la estatua _____ Ud. a la izquierda en la calle Mayor. (doblar)

7. _____ Ud. derecho hasta llegar al centro. (seguir)

J ¿Cómo debo ir a San Rafael?   Complete con el imperativo de los verbos. Use la forma de *Ud.*

1. _____ Ud. la carretera nacional número dos. (tomar)

2. _____ hasta la autopista. (ir)

3. _____ Ud. en la autopista. (entrar)

4. _____ Ud. el segundo peaje. (pagar)

5. Luego _____ en el carril derecho. (quedarse)

6. _____ Ud. de la autopista en la salida 97. Es la primera salida después de la garita de peaje. (salir)

7. _____ Ud. al final. (ir)

8. Al llegar al semáforo _____ a la izquierda. (doblar)

9. _____ Ud. derecho hasta llegar a San Rafael. Es muy fácil y verá Ud. muchos rótulos que le indicarán la dirección a San Rafael. (seguir)

K **Direcciones a mi casa** Escríbale a un(a) conocido(a) dándole direcciones a su casa desde la salida de la carretera más cercana. Use la forma de *Ud.*

_____

_____

_____

_____

L **Una receta para arroz con habichuelas** Complete con el imperativo de los verbos. Use la forma de *Ud.*

1. _____ Ud. una lata de habichuelas negras. (abrir)

2. _____ las habichuelas en una cacerola. (poner)

3. _____ una cucharadita de vinagre en la cacerola. (echar)

4. _____ las habichuelas a fuego lento. (cocinar)

5. Aparte, _____ una cacerola de agua. (llenar)

6. _____ el agua. (hervir)

7. _____ una taza de arroz en el agua hirviente. (poner)

8. _____ el agua a la ebullición una vez más. (llevar)

9. _____ sal y pimienta a su gusto. (añadir)

10. _____ el fuego. (bajar)

11. _____ el arroz a fuego lento hasta que esté listo. (cocer)

12. _____ el arroz con las habichuelas. (servir)

13. _____ o _____ en pedazos una cebolla. (tajar, cortar)

14. _____ las cebollas tajadas encima del arroz y habichuelas. (poner)

M **Lo que tú debes hacer para llegar al centro.** Complete con el imperativo de los verbos. Use la forma de *tú.*

1. _____ (tú) la avenida Dos de Mayo. (tomar)

2. _____ derecho cinco cuadras. (seguir)

3. Luego _____ a la derecha en la calle Silva. (doblar)

4. _____ unos cien metros y _____ a la derecha donde queda la iglesia. (seguir, doblar)

5. _____ derecho hasta llegar a la estatua del emperador. (continuar)

6. Al llegar a la estatua _____ a la izquierda en la calle Mayor. (doblar)

7. _____ derecho hasta llegar al centro. (seguir)

WORKBOOK Copyright © Glencoe/McGraw-Hill

N **¿Cómo debes ir a San Rafael?** Complete con el imperativo de los verbos. Use la forma de *tú*.

1. _____ la carretera nacional número dos. (tomar)

2. _____ hasta la autopista. (ir)

3. _____ en la autopista. (entrar)

4. _____ el segundo peaje. (pagar)

5. Luego _____ en el carril derecho. (quedarse)

6. _____ de la autopista en la salida 97. Es la primera salida después de la garita de peaje. (salir)

7. _____ al final. (ir)

8. Al llegar al semáforo _____ a la izquierda. (doblar)

9. _____ derecho hasta llegar a San Rafael. Es muy fácil y verás muchos rótulos que te indicarán la dirección a San Rafael. (seguir)

O **Direcciones a mi casa** Escríbale a un(a) amigo(a) dándole direcciones a su casa desde la salida de la carretera más cercana. Use la forma de *tú*.

_____

_____

_____

P **Una receta para arroz con habichuelas** Complete con el imperativo de los verbos. Use la forma de *tú*.

1. _____ una lata de habichuelas negras. (abrir)

2. _____ las habichuelas en una cacerola. (poner)

3. _____ una cucharadita de vinagre en la cacerola. (echar)

4. _____ las habichuelas a fuego lento. (cocinar)

5. Aparte, _____ una cacerola de agua. (llenar)

6. _____ el agua. (hervir)

7. _____ una taza de arroz en el agua hirviente. (poner)

8. _____ el agua a la ebullición una vez más. (llevar)

9. _____ sal y pimienta a tu gusto. (añadir)

10. _____ el fuego. (bajar)

11. _____ el arroz a fuego lento hasta que esté listo. (cocer)

12. _____ el arroz con las habichuelas. (servir)

13. _____ o _____ en pedazos una cebolla. (tajar, cortar)

14. _____ las cebollas tajadas encima del arroz y habichuelas. (poner)

Q ¿**Qué debes hacer?** Complete con el imperativo de los verbos. Use la forma de *tú*.

1. _____ la verdad. (decir)

   No _____ mentiras. (decir)

2. _____ bueno(a). (ser)

   No _____ malo(a). (ser)

3. _____ ahora. (salir)

   No _____ . (esperar)

4. _____ despacio. (ir)

   No _____ rápido. (ir)

5. _____ cuidado. (tener)

   No _____ apresurado(a). (estar)

6. _____ legumbres. (comer)

   No _____ dulces. (comer)

PERIODISMO

El wind surf: *Wind surf... agua, aire ¡y diversión!*

Vocabulario

A. **El cuerpo** Identifique.

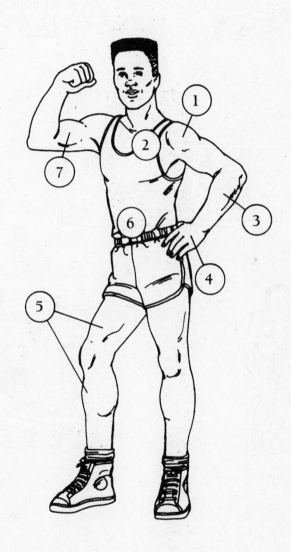

1. _____   5. _____

2. _____   6. _____

3. _____   7. _____

4. _____

B ¿Qué están haciendo?   Paree el dibujo con la frase que lo describe.

a

b

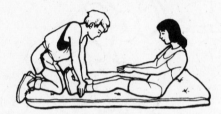

c

d

e

1. _____ Las jóvenes están haciendo sentadillas.

2. _____ Las atletas están haciendo estiramientos.

3. _____ Los jóvenes están dando saltos.

4. _____ Los ligeros están boxeando.

5. _____ Los pesados están boxeando.

C **El *wind surf*** Describa el dibujo.

_____

_____

_____

_____

Comprensión

D **Sinónimos** Exprese de otra manera.

1. Te *gusta mucho* pasártela súper con *tus amigos.*

_____

2. Poco a poco el wind surf ha ido *capturando más y más popularidad* en México.

_____

3. El wind surf se ha estado poniendo *muy popular.*

_____

4. Con el wind surf tienes que *saber más cosas* porque *a cada momento* andas en el aire dando *saltos* como para dejar a todo el mundo *con la boca abierta.*

_____

_____

5. *No te olvides* que nadie nace siendo *el número uno* en ningún deporte.

_____

E **El verano** Escriba un párrafo sobre las actividades de verano que a Ud. le gustan.

_____

_____

_____

_____

_____

_____

_____

_____

_____

_____

ESTRUCTURA

Hace y hacía

A. Detalles históricos   Conteste según se indica.

1. ¿Hace cuántos años que Puerto Rico está asociado con los Estados Unidos? (1898)

   _____

2. ¿Hace cuántos años que la Argentina tiene su independencia de España? (1810)

   _____

3. ¿Hace cuántos años que España tiene una forma democrática de gobierno? (1975)

   _____

4. ¿Hace cuántos años que los Estados Unidos tiene su independencia de Inglaterra? (1776)

   _____

5. ¿Cuánto tiempo hace que la Estatua de la Libertad guarda la bahía de Nueva York? (1886)

   _____

B. Mi rutina   Piense en algunas cosas que Ud. hace diariamente. Indique cuánto tiempo hace que Ud. hace la misma actividad.

1. _____

2. _____

3. _____

4. _____

5. _____

6. _____

7. _____

8. _____

C **La historia contemporánea de España**   Conteste según se indica.

1. ¿Hacía cuántos años que el general Franco gobernaba en España cuando él murió? (1939–1975)

_____

_____

2. ¿Hacía cuántos años que existía la Segunda República en España cuando empezó la Guerra civil? (1931–1936)

_____

_____

3. ¿Hacía cuántos años que españoles luchaban contra españoles cuando terminó la fratricida Guerra civil? (1936–1939)

_____

_____

4. ¿Hacía cuántos años que había una dictadura en España antes de que el rey don Juan Carlos estableciera una monarquía constitucional? (1939–1975)

_____

_____

Acabar de

D **¿Qué acabas de hacer?**   Escriba cada oración según el modelo.

He visto a Juan.
Acabo de ver a Juan.

1. He llamado a María.

_____

2. Hemos visto la película.

_____

3. Ellos han hecho el viaje.

_____

4. Has terminado.

_____

Imperfecto del subjuntivo

E **Ayer yo quería que mis amigos...**   ¿Cuáles son cinco cosas que Ud. quería que sus amigos hicieran ayer?

1. _____

2. _____

3. _____

4. _____

5. _____

F **Mis padres querían que yo...**   ¿Cuáles son cinco cosas que sus padres querían que Ud. hiciera?

1. _____

2. _____

3. _____

4. _____

5. _____

Usos del imperfecto del subjuntivo

G **¿Insistir o preferir?**   Complete.

El profesor insistió en que yo...

1. _____

2. _____

3. _____

Él preferiría que nosotros...

4. _____

5. _____

6. _____

H **Cosas personales** Complete.

1. Sería fácil que yo _____ .

2. Pero sería difícil que yo _____ .

I **Es prohibido** Complete según el dibujo. Use el verbo *fumar*.

1. El señor les pidió que _____ .

2. Mamá me aconsejó que _____ .

3. El profesor nos recomendó que _____ .

4. El médico te exigió que _____ .

J **Una conversación íntima** Complete la conversación entre Ud. y un(a) buen(a) amigo(a).

—Estaría contento(a) con que tú _____

_____

—Pero estaría triste con que tú _____

_____

—Francamente me sorprendería que tú _____

_____

—Me gustaría que tú _____

_____

—A mi parecer, sería una lástima que tú _____

_____

Subjuntivo en cláusulas relativas

K **Un anuncio clasificado** Lea el siguiente anuncio y complete lo siguiente en sus propias palabras.

> _____
> **Large international company seeks indi-vidual who is free to travel, speaks more than one language, has a college degree, likes to work with people, wants to have an interesting life, and at the same time earn a great deal of money.**
> ==============================

Una gran compañía busca _____

_____

_____

_____

L **Conozco a alguien.** ¿Tiene Ud. un(a) amigo(a) que debe solicitar este empleo? Describa a esta persona.

_____

_____

_____

_____

M **¡Qué puesto!** Dé una descripción del puesto en el anuncio. Use su imaginación.

_____

_____

_____

_____

_____

LITERATURA

EL TANGO: *ADIÓS MUCHACHOS*

Vocabulario

A. **Sinónimos**   Exprese de otra manera.

1. Él tiene *muy buenas memorias* de todos sus amigos.

   _____

2. Nunca *se distanció de* sus amigos.

   _____

3. Él siempre *venía* cuando sus amigos lo necesitaban.

   _____

4. Él *gozaba de* sus amigos y los *adoraba*.

   _____

Comprensión

B. **El tango argentino**   Conteste.

1. ¿Cómo qué empezó el tango?

   _____

2. ¿Cuándo empezó el tango?

   _____

3. ¿Dónde se originó?

   _____

4. ¿Quiénes bailaban el tango al principio?

   _____

5. ¿Por qué tenía mala reputación?

   _____

6. ¿Cuándo pasó a formar parte de la pareja la mujer?

   _____

7. ¿Cuáles son algunos instrumentos musicales que se usan para tocar el tango?

_____

8. ¿Hasta cuándo siguió siendo el tango una diversión de los pobres?

_____

9. Y luego, ¿qué pasó?

_____

MI ADORADO JUAN

Vocabulario

A **Sinónimos**   Exprese de otra manera.

1. Ese *perezoso* no hace nada.

_____

2. Él estará *de regreso* mañana.

_____

3. Ellos *andan* por aquí.

_____

4. Él no tiene *ninguna profesión.*

_____

5. ¿Quieres dejarle *un mensaje?*

_____

6. *Los otros se van* también.

_____

7. Él me *enfada*, ese tío.

_____

8. Te *pido* que no hagas nada.

_____

B. Palabras relacionadas Paree.

1. _____ prohibir   **a.** la disposición

2. _____ aparecer   **b.** el regreso

3. _____ disponer   **c.** la ofensa

4. _____ volver   **d.** la prohibición

5. _____ regresar   **e.** la obligación

6. _____ obligar   **f.** la vuelta

7. _____ ofender   **g.** la aparición

8. _____ casar   **h.** el casamiento

Comprensión

C. ¿Cómo es Irene? Describa a Irene, la protagonista de la comedia *Mi adorado Juan*.

_____

_____

_____

D. El padre de Irene En sus propias palabras, explique por qué el padre de Irene está enojado con ella.

_____

_____

_____

E. ¿Qué cree Ud.? ¿Cree Ud. que el padre de Irene tiene derecho de estar enojado con ella o es Irene la que debe estar enojada con su padre? Defienda sus opiniones.

_____

_____

_____

_____

Un poco más

A **Los astros** Lea lo siguiente sobre la astrología y el horóscopo.

Los antiguos griegos y romanos consultaban los astros[1] antes de hacer cualquier cosa de importancia. Los emperadores y reyes tenían sus propios astrólogos.

Hoy día son muy pocas las personas que toman en serio la astrología, pero son muchas las que se entretienen leyendo los horóscopos.

Son doce los signos del zodíaco. Los aficionados a la astrología creen que las personas que nacen bajo cierto signo del zodíaco manifiestan las características o los rasgos que van con ese signo.

Los horóscopos son tan populares en los países de habla española como en los países de habla inglesa. Las dos selecciones que siguen son horóscopos. La primera viene de *Garbo*, una revista para mujeres. La segunda selección es un típico horóscopo de los diarios, tomado del *Diario de Cádiz*.

Los signos de la primavera

GÉMINIS

Principales rasgos de los Géminis

Signo de movilidad. La excitabilidad de la primavera se manifiesta en ellos por una disponibilidad y una curiosidad incesantes por todo lo que el mundo exterior les pueda ofrecer de divertido, insólito[8] y nuevo. Los Géminis tienen cualidades como: brío,[9] improvisación fantasiosa, de juventud, de receptividad, de vivacidad. Como puntos negativos: impacientes, infieles,[10] en ocasiones mentirosos y les falta constancia, en cuanto a profundizar en las cosas.

ARIES

Principales rasgos de los Aries

Los Aries son vivos, rápidos, francos, directos, exclusivos, entusiastas, dinámicos, voluntariosos, apasionados, generosos. Igual que pueden tener estas cualidades también les pueden faltar otras: no tener tacto, dulzura,[2] ser ruidosos,[3] inquietos,[4] pesados, impacientes, agresivos e intolerantes.

TAURO

Principales rasgos de los Tauro

Los Tauro son personas estables, concentradas, regulares, pacientes, resistentes, tenaces,[5] prudentes. Aman el confort y les gustan la naturaleza, los animales y las plantas. En cuanto a aspectos negativos son: celosos,[6] posesivos, pesimistas, taciturnos,[7] misántropos.

[1]**astros** *stars* [2]**dulzura** *sweetness* [3]**ruidosos** *noisy* [4]**inquietos** *restless*
[5]**tenaces** *tenacious* [6]**celosos** *jealous* [7]**taciturnos** *quiet* [8]**insólito** *unusual*
[9]**brío** *vigor, charm* [10]**infieles** *unfaithful*

Los signos del verano

VIRGO

Principales rasgos de los Virgo

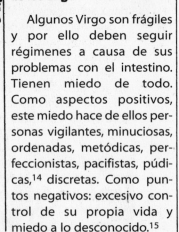

CÁNCER

Principales rasgos de los Cáncer

Son particularmente muy maternales, casi infantiles. Tienen necesidad de que los protejan o estar protegidos. Son gentiles, calmados, delicados, modestos, fieles, prudentes, pacientes, tenaces y organizados. Como puntos negativos: pasivos, dependientes, propensos[11] a la comida o bien a la anorexia.

LEO

Principales rasgos de los Leo

Son particularmente elegantes, brillantes, parece que los otros tengan que alabarlos[12] a su alrededor. Son ambiciosos, competitivos, autoritarios, idealistas, generosos, apasionados y fieles. En contra son: orgullosos,[13] susceptibles, faltos de tacto, de delicadeza, dogmáticos.

Algunos Virgo son frágiles y por ello deben seguir regímenes a causa de sus problemas con el intestino. Tienen miedo de todo. Como aspectos positivos, este miedo hace de ellos personas vigilantes, minuciosas, ordenadas, metódicas, perfeccionistas, pacifistas, púdicas,[14] discretas. Como puntos negativos: excesivo control de su propia vida y miedo a lo desconocido.[15]

Los signos del otoño

LIBRA

Principales rasgos de los Libra

En los Libra su cortesía hacia los demás, su tacto con ellos, su humor y su cooperación es notable. Se les critica por su indecisión, por su insensibilidad, por su conformismo, por su inconstancia y su distracción.

ESCORPIO

Principales rasgos de los Escorpio

Los Escorpio impresionan por su gran individualismo, su selectividad, su exclusivismo, su intransigencia y su sentido crítico. Se identifican con todo lo referente al plano sociocultural. Intelectualidad.

SAGITARIO

Principales rasgos de los Sagitario

A los Sagitario les gusta salir, así como recibir. Les gusta viajar y estar al corriente de todo. Son queridos por su cariño y son grandes amantes[16] de los viajes.

---

[11]**propensos** *prone*   [12]**alabarlos** *to praise them*   [13]**orgullosos** *proud*
[14]**púdicas** *shy, modest*   [15]**desconocido** *unknown*   [16]**amantes** *lovers*

Los signos del invierno

CAPRICORNIO

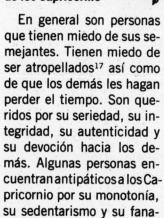

Principales rasgos de los Capricornio

En general son personas que tienen miedo de sus semejantes. Tienen miedo de ser atropellados[17] así como de que los demás les hagan perder el tiempo. Son queridos por su seriedad, su integridad, su autenticidad y su devoción hacia los demás. Algunas personas encuentran antipáticos a los Capricornio por su monotonía, su sedentarismo y su fanatismo.

ACUARIO

Principales rasgos de los Acuario

Cuando tienen una idea metida en la cabeza pueden llegar, incluso, a no comer ni dormir por ella. Son inventivos, originales, generosos y naturales. Les falta realismo, y una cierta tranquilidad en su vida cotidiana.

PISCIS

Principales rasgos de los Piscis

Son calmados, dulces y comprensivos. Como puntos negativos son pasivos, negligentes e imprecisos. Llegan a desesperar por su mutismo[18] y su indiferencia.

Garbo
Barcelona, España

[17]**atropellados** atacados   [18]**mutismo** silencio

B **Preguntas**   Escoja según la información en el horóscopo.

1. ¿Cómo se han clasificado los signos del zodíaco en este artículo?

   a. En orden alfabético   **b.** Según sus principales rasgos.   **c.** Según las estaciones del año.

2. Las personas que nacen bajo este signo tienden a mostrarse indiferentes y silenciosas. ¿Cuál es su signo?

   a. Piscis   **b.** Leo   **c.** Acuario

3. Según el artículo, ¿quiénes son los que gozan de la vida, de viajar mucho y de visitar y tener visitas?

   a. los Cáncer   **b.** los Capricornio   **c.** los Sagitario

C **Palabras relacionadas** Paree.

1. _____ los Escorpio   **a.** tímidos

2. _____ los Piscis   **b.** individualistas

3. _____ los Sagitario   **c.** indiferentes

4. _____ los Acuario   **d.** amantes de la vida

5. _____ los Capricornio   **e.** creativos

D **¿Qué cree Ud.?** Conteste.

1. ¿Hay algo de verdad en los horóscopos?

_____

2. ¿Cree Ud. que las características de su signo describen su personalidad?

_____

3. ¿Conoce Ud. a alguien que tenga las características de su signo? ¿Quién?

_____

4. Según los rasgos para cada signo, ¿con quién estaría Ud. a gusto?

_____

5. ¿Por qué cree Ud. que tanta gente cree en los horóscopos?

_____

E. Su propio horóscopo Busque su propio horóscopo. Léalo.

Su horóscopo diario
Por Frances Drake

aries
(21 de marzo
al 20 de abril)

Las cuestiones familiares deberán tratarse con delicadeza. No crea en propuestas[19] de negocios poco realistas. Ponga toda su atención en sus obligaciones actuales.

tauro
(21 de abril
al 20 de mayo)

Alguna faceta de su trabajo podría ser motivo de frustración, aunque se compensará con interesantes conversaciones relacionadas con intereses económicos. Uno de sus amigos exagerará en gran manera.

géminis
(21 de mayo
al 21 de junio)

Su panorama profesional se verá afectado por tendencias contrapuestas.[20] Cuide de no dar nada por seguro. Recibirá un consejo muy útil.

cáncer
(22 de junio
al 22 de julio)

Explique su situación con claridad a un amigo, que es posible que le preste la ayuda que necesita. Si desea alguna cosa no la pida directamente.

leo
(23 de julio
al 23 de agosto)

Buen momento para dar consejos, aunque los demás no estén dispuestos[21] a recibirlos. Ocúpese de sus asuntos y termine su trabajo pendiente. No malgaste su dinero.

virgo
(24 de agosto
al 23 de septiembre)

Su amor propio podría verse afectado en el trabajo, pero sus compañeros le respaldarán.[22] Hoy es posible que sufra una grave indecisión.

libra
(24 de septiembre
al 23 de octubre)

Aunque un asunto económico presente grandes demoras,[23] se le abrirán otras puertas. Si va de compras escoja cuidadosamente.

escorpio
(24 de octubre
al 22 de noviembre)

Tenga mucho cuidado al conducir. Hoy se sentirá tentado de gastar más de lo que debe. Se mostrará convincente en líneas generales, pero acaso parezca un tanto orgulloso y presumido.

sagitario
(23 de noviembre
al 21 de diciembre)

Sus primeros intentos[24] de hacer entrar en razón a un familiar pueden no dar resultado, pero debe seguir intentándolo. Recuerde que una sonrisa puede ser mejor que una reprimenda.

capricornio
(22 de diciembre
al 20 de enero)

La falta de paciencia puede conducirle con facilidad a resultados que no desea. Cálmese y todo irá mucho mejor. En el horizonte se adivina una relación sentimental.

acuario
(21 de enero
al 19 de febrero)

Es posible que no pueda imponer sus opiniones en un asunto profesional. De todos modos si colabora con los demás obtendrá resultados positivos.

piscis
(20 de febrero
al 20 de marzo)

Es posible que se sienta oprimido por la sensación de padecer un exceso de autoridad. Acaso no esté de acuerdo con un asunto familiar, pero por lo demás sus relaciones personales con sus íntimos serán satisfactorias.

[19]**propuestas** *propositions*   [20]**contrapuestas** *opposite*   [21]**dispuestos** *listos*
[22]**respaldarán** *will support*   [23]**demoras** *delays*   [24]**intentos** *attempts*

F. **¿Qué se espera?** Escriba en inglés lo que Ud. debe esperar después de leer su horóscopo.

_____

_____

_____

_____

_____

_____

G. **El horóscopo** Imagínese que Ud. trabaja para un periódico. Quieren que Ud. prepare el horóscopo para mañana. Escriba en español el horóscopo para la persona cuyo cumpleaños será mañana.

_____

_____

_____

_____

_____

_____

_____

H **Una feria** Lea el siguiente anuncio.

Días de Feria

Redacción
DIARIO DE CÁDIZ

El pasado domingo se inauguró la Feria de San Mateo de Villamartín, que se prolongará hasta el próximo jueves, día 24.

Estos festejos mayores ya tuvieron su prolegómeno[1] con la romería en honor de Nuestra Señora de las Montañas, celebrada el día 8, y el IX certamen de bailes regionales, que se desarrolló los días 18 y 19.

El cartel anunciador de la Feria ha sido obra de la pintora local residente en Málaga Charo Galvín Lirio, quien el pasado mes de mayo expuso dentro del programa «Pintores de Villamartín».

El cartel se ha extraído de la obra que regaló al pueblo con motivo de aquella muestra. Se trata de una vista del Villamartín de principios de siglo.

Esta obra, además, ha servido de portada de la revista-libro de Feria que edita todos los años el Ayuntamiento de Villamartín.

[1] **prolegómeno** *introductory remarks*

I **El cartel anunciador** Explique en inglés lo más importante del cartel anunciador de esta Feria de San Mateo de Villamartín.

_____

_____

_____

_____

_____

_____

J. Univisión Lea el siguiente anuncio.

EN VIVO

Toda la información nacional e internacional, así como un análisis sobre los eventos más importantes del momento, llega a usted todas las noches en el programa «EN VIVO».

María Elena Salinas y Jorge Ramos nos ofrecen toda su experiencia, con comentarios y sólidas entrevistas que nos ayudan a entender y a profundizar la noticia.

«EN VIVO» de lunes a viernes por su cadena Univisión, Lo Nuestro.

UNIVISION
La Visión de América

K **Preguntas** Conteste en inglés según el anuncio.

1. For what type of program is the ad? _____

2. What is the name of the program? _____

3. What does the program provide? _____

4. Who are the anchor people? _____

L   **Latinos premiados**   Lea el siguiente artículo que apareció en la revista *Más*.

LATINOS PREMIADOS

Si el Premio Nóbel de Literatura de 1990 al poeta mexicano Octavio Paz marcó un momento triunfal de las letras latino-americanas, nuestra literatura en Estados Unidos tampoco se quedó atrás. Un novelista latino, Oscar Hijuelos, ganó el premio más prestigioso del país, el Pulitzer, por su obra *The Mambo Kings Play Songs of Love*, la cual ya se encamina al cine. La novela narra la historia de dos músicos cubanos que emigran a Nueva York durante la fiebre del mambo en los años 40 y describe en detalle la vida de los barrios latinos de esa época.

Los triunfos siguen lloviendo. Dos de los finalistas al igualmente prestigioso National Book Award (Premio Nacional del Libro) fueron hispanos radicados en Estados Unidos.

M   **Preguntas**   Conteste en español según el artículo.

1. ¿Quién ganó el Premio Nóbel de Literatura en 1990? _____

2. ¿Qué tipo de escritor es? _____

3. ¿De dónde es? _____

4. ¿Quién ganó el Premio Pulitzer? _____

5. ¿De dónde es? _____

6. ¿Cuál es el título de la obra que le permitió ganar este prestigioso premio?

_____

7. ¿Qué narra la novela? _____

8. ¿Qué significará «la fiebre del mambo»? _____

9. ¿Qué se va a hacer de la novela? _____

10. ¿Qué significa la frase «Los triunfos siguen lloviendo»? _____

CAPÍTULO **4**

Pasajes

CULTURA

Eventos y ceremonias

Vocabulario

A **¿Cuál es la palabra?** Dé la palabra apropiada.

1. el marido y la mujer _____

2. responsabilizarse _____

3. el anuncio hecho por la iglesia con los nombres de los que van a contraer matrimonio

_____

4. tener un bebé _____

5. el nacimiento _____

6. poner el cadáver bajo la tierra _____

7. el anuncio publicado en el periódico de la muerte de una persona _____

8. ser miembro de un grupo _____

B **Palabras relacionadas** Paree.

1. _____ bautizar   **a.** el entierro

2. _____ parir   **b.** el cargo

3. _____ cargar   **c.** la aparición

4. _____ enterrar   **d.** el bautizo

5. _____ librar   **e.** el velorio

6. _____ aparecer   **f.** el parto

7. _____ velar   **g.** el/la protagonista

8. _____ protagonizar   **h.** la libertad

Comprensión

C **Eventos y ceremonias** Conteste.

1. ¿De qué habló Shakespeare?

   _____

2. Después de que nacen los niños, ¿de qué forman parte?

   _____

3. Después de llegar a la adolescencia, ¿qué aprenden?

   _____

4. ¿Qué tienen después de casarse?

   _____

5. Y al final, ¿qué les pasa?

   _____

6. ¿Qué hay para marcar el paso de la persona por las diferentes etapas de la vida?

   _____

D **¿Qué es o quién es?** Identifique.

1. el catolicismo, el protestantismo, el judaísmo o el islám

   _____

2. los primeros americanos, los indios _____

3. la mujer que ayuda a la madre a dar a luz _____

4. las personas nombradas por los padres para asistir al bebé cuando recibe el bautismo

   _____

5. la fiesta que celebra el pasaje de niña a mujer a los quince años de edad

   _____

6. la unión de un hombre y una mujer _____

7. el tiempo que pasan juntos los novios después de la boda _____

8. la reunión antes de los funerales de familia y amigos ante la persona muerta

   _____

CONVERSACIÓN
Ceremonias familiares

Vocabulario

A. **Frases originales**   Escriba una frase con cada palabra.

1. el camposanto

_____

2. la viuda

_____

3. el entierro

_____

4. el ramo

_____

5. la pila

_____

Comprensión

B. **Una ceremonia familiar**   Escriba sobre una ceremonia, por ejemplo, un bautizo, una boda o un entierro, a que Ud. ha asistido.

_____

_____

_____

_____

_____

_____

_____

_____

_____

Lenguaje

A. **Unas tarjetas**   Ud. le manda una tarjeta a un(a) amigo(a) para los siguientes eventos. Escríbale un mensaje apropiado.

1. Se va a casar.

_____

_____

2. Ha tenido un bebé.

_____

_____

3. Ha recibido su diploma de la universidad.

_____

_____

4. Se le murió el padre.

_____

_____

REPASO DE ESTRUCTURA

Futuro de los verbos regulares e irregulares

A ¿Qué hará ella? Escriba en el futuro.

1. Ella va a hacer una llamada.

   _____

2. La línea va a estar ocupada.

   _____

3. Sus amigos van a estar hablando.

   _____

4. Ella va a tener que esperar.

   _____

5. Ella va a tener que hacer la llamada otra vez.

   _____

6. Ella va a hacer la llamada por segunda vez.

   _____

7. Otra vez la línea va a estar ocupada.

   _____

8. Ella va a salir de la cabina telefónica.

   _____

9. Ella va a esperar cinco minutos más.

   _____

10. Luego ella va a perder la paciencia.

   _____

11. Va a entrar de nuevo en la cabina.

_____

12. Va a descolgar el auricular y marcar el número.

_____

13. Por fin su amigo va a contestar.

_____

14. Ella va a querer saber cuál es el problema.

_____

15. Ella se lo va a decir.

_____

B. **Un viaje en tren**   Complete con el futuro de los verbos.

1. Yo _____ a la estación de ferrocarril. (llegar)

2. Mis amigos me _____ esperando allí. (estar)

3. Nosotros _____ un viaje a la costa de España donde

_____ una temporada en la playa. (hacer, pasar)

4. Mis amigos _____ que comprar sus billetes en la ventanilla. (tener)

5. Yo _____ algunos bocadillos que nosotros _____

durante el viaje en el tren. (llevar, comer)

6. El tren _____ a las ocho de la mañana y no _____

hasta las diez de la noche. (salir, llegar)

7. Nosotros _____ los días en la playa donde _____ en

el mar, _____ el sol y _____ las olas. (pasar, nadar,

tomar, correr)

C **Un viaje a México**   Escriba el párrafo en el futuro.

El año que viene mis padres y yo vamos a hacer un viaje a México. Ellos van a ir en carro pero yo no. Yo no voy a tener bastante tiempo para ir en carro porque voy a tener solamente ocho días de vacaciones. Así que yo voy a hacer el viaje en avión. Mis padres van a salir el quince de abril pero yo no voy a salir hasta el día veinte. Ellos me van a encontrar en la Cuidad de México.

_____

_____

_____

_____

_____

_____

_____

_____

El condicional o potencial

D **¿Quién lo haría?**   Complete con el condicional de los verbos.

1. Yo _____ la mesa pero no sé dónde están los platos. (poner)

2. Yo te lo _____ pero no sé los detalles. (decir)

3. Él _____ en seguida pero no puede porque su hijo tiene el carro. (salir)

4. Ellos lo _____ pero desgraciadamente tienen que estar en la oficina. (hacer)

5. Yo sabía que tú no _____ la paciencia que yo tengo. (tener)

6. Ellos _____ pero no pueden porque su padre está enfermo. (venir)

E **Lo haría, pero...** ¿Cuáles son cinco cosas que Ud. haría pero que no puede porque no tiene tiempo?

1. _____

_____

2. _____

_____

3. _____

_____

4. _____

_____

5. _____

_____

Pronombres de complemento directo e indirecto

F **Preguntas** Forme una pregunta y contéstela según el modelo.

conocer / tú / playa / Luquillo
¿Conoces la playa de Luquillo?
Sí, la conozco.

1. mirar / agente / boleto

_____

_____

2. pasar / ellos / luna de miel / México

_____

_____

3. dar / Ramón / apuntes / a Ud.

_____

_____

4. explicar / bien / profesor / lección / a Uds.

_____

_____

PERIODISMO

EL NACIMIENTO Y LA BODA

Vocabulario

A **¿Cuál es la palabra?** Dé la palabra apropiada.

1. las primeras horas de la mañana _____

2. el primer hijo _____

3. el asiento del rey o de la reina _____

4. dar información, anunciar, comunicar _____

5. producir un niño _____

B **La boda** Complete.

1. Ella es una _____ de España, es una de las hijas del Rey.

2. Y es muy _____, discreta y moderada en todo lo que hace.

3. No quiero portarme de forma sentimental pero a veces es imposible porque sé que soy

   muy _____.

4. Los novios salen a las ocho mañana y vamos a sentir mucho su _____.

5. Sarita es mi mejor y más íntima amiga, es realmente una amiga _____.

6. Pero su esposo es un _____, es un pobre miserable, no vale nada.

7. Él fuma constantemente. Fuma cualquier cosa, cigarrillos, pipa o

   _____.

Comprensión

C **Informes** Busque la siguiente información en los artículos sobre la familia real.

1. ¿Cómo se llama el nieto del Rey de España? _____

2. ¿Cuándo nació el niño? _____

3. ¿Cuántas personas están en la línea de sucesión antes del niño? _____

4. ¿Quién es el primero en la línea de sucesión? _____

5. ¿Qué va a ocurrir en el Palacio de la Zarzuela? _____

6. ¿Cuáles son algunos de los gastos del padre de la novia en una boda?

_____

7. ¿Cómo pudieron miles de personas ver la boda? _____

8. ¿Cómo se llaman los novios? _____

9. ¿Cómo se llaman los padres de la novia?

_____

D. Describa en su propias palabras al Rey y a la Reina según el artículo.

La Reina

_____

_____

_____

El Rey

_____

_____

_____

ANUNCIOS SOCIALES

Vocabulario

A. Frases originales   Escriba una frase con cada palabra.

1. efectuar

_____

2. obsequiar

_____

3. llevar a cabo

_____

4. el bisnieto

_____

5. el heredero

_____

Comprensión

B. Matrimonio   Escriba un anuncio sobre el matrimonio de una pareja.

_____

_____

_____

_____

_____

C. Fallecimiento   Escriba una esquela sobre el fallecimiento (la muerte) de alguien.

_____

_____

_____

_____

_____

D. Quinceañera   Escriba un anuncio sobre una quinceañera de una familia conocida.

_____

_____

_____

_____

E. Nacimiento   Escriba un anuncio sobre el nacimiento de un bebé.

_____

_____

_____

_____

ESTRUCTURA

Subjuntivo en cláusulas adverbiales

A. Un viaje Complete.

1. Yo sé que él hará el viaje

   con tal de que _____

   sin que _____

   a menos que _____

2. Yo sabía que él haría el viaje

   con tal de que _____

   sin que _____

   a menos que _____

Subjuntivo con conjunciones de tiempo

B. En cuanto sea posible Complete y haga los cambios necesarios.

1. Yo hablaré con Juan tan pronto como él _____. (llegar)

   Yo hablé _____.

2. Él me reconoció en cuanto me _____. (ver)

   Yo sé que él me reconocerá _____.

3. El avión saldrá tan pronto como _____ a bordo el último pasajero.
   (estar)

   El avión salió _____.

4. Ellos esperaron hasta que _____ de llover. (dejar)

   Ellos esperarán _____

5. Los veremos cuando ellos _____ al aeropuerto. (llegar)

   Los vimos cuando ellos _____.

6. Él lo sabrá antes de que nosotros lo _____. (saber)

   Él lo supo _____.

7. Ellos saldrán después de que los niños se _____. (dormir)

   Ellos salieron _____

8. Yo sé que ellos llegaron antes de que los otros _____. (salir)

   Yo sé que ellos llegarán _____.

Colocación de los pronombres de complemento

C **A bordo del avión** Conteste según el dibujo. Use pronombres en sus respuestas.

1. ¿Quién está saludando a los pasajeros?

   _____

2. ¿Está dándoles la bienvenida?

   _____

3. ¿Un pasajero le está mostrando su boleto al asistente de vuelo?

   _____

4. ¿La asistenta de vuelo les está mostrando sus asientos a los otros pasajeros?

   _____

5. Durante el vuelo, ¿los asistentes de vuelo van a servirles la comida a los pasajeros?

   _____

6. ¿Los asistentes de vuelo van a explicarles las reglas de seguridad a los pasajeros?

   _____

7. ¿Van a explicarles el uso de la máscara de oxígeno?

   _____

Nombre _____ Fecha _____

Pronombres de complemento con el imperativo

D. **Una llamada telefónica**   Escriba las frases con pronombres.

1. Busque el número en la guía telefónica.

_____

2. Descuelgue el auricular.

_____

3. Introduzca la moneda en la ranura.

_____

4. Marque el número.

_____

5. Hable a la scretaria.

_____

6. Espere a su amigo.

_____

E. **Una llamada telefónica**   Escriba las frases con pronombres.

1. No llames a la operadora.

_____

2. Marca el número.

_____

3. No hagas la llamada de persona a persona.

_____

4. Habla a la secretaria si es necesario.

_____

5. Dale el mensaje a la secretaria.

_____

6. No hables a la secretaria en inglés. Háblale a la secretaria en español.

_____

LITERATURA

EL NIÑO AL QUE SE LE MURIÓ EL AMIGO

Vocabulario

A **¿Qué es?** Identifique.

1. _____

2. _____

3. _____

4. _____

5. _____

6. _____

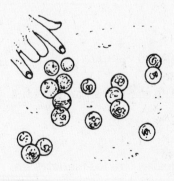

7. _____

8. _____

Nombre _____ Fecha _____

Comprensión

B **¿Qué significa?** Explique en sus propias palabras el significado de lo siguiente: «Algo ocurre, y de repente, el niño pasa a ser algo más, un ser más consciente, casi una persona mayor».

_____

_____

_____

_____

_____

_____

_____

_____

_____

_____

C *El niño al que se le murió el amigo* Complete según el cuento.

1. Una mañana el niño _____ y fue a buscar _____

que debía de estar al otro lado _____ pero _____

estaba.

2. Según su madre, el niño _____ estaba porque

_____.

3. «Mi amigo _____», pensó el niño.

4. El niño pasó _____ buscando a su amigo y fue

_____ larga.

5. Cuando llegó el sol, el niño estiró los brazos y tiró los juguetes _____.

6. Luego _____ a casa con hambre y sed.

COSAS DEL TIEMPO

A. **Notas biográficas**   Complete según lo que Ud. sabe de la vida de Ramón de Campoamor.

1. Nacimiento _____

2. Muerte _____

3. Estudios _____

4.. Datos personales _____

5. Obra literaria _____

_____

B. **La filosofía del poeta**   Se dice que Campoamor combina lo poética con lo filosófico. Es un poeta de ideas que tiene algo que decir y lo dice. Su filosofía es práctica. En sus propias palabras, explique la filosofía del poeta en los siguientes versos.

1. En guerra y en amor es lo primero
   el dinero, el dinero y el dinero

_____

_____

2. Todo en amor es triste;
   Más, triste y todo, es lo mejor que existe.

_____

_____

3. Se van dos a casar de gozo *(joy)* llenos;
   Realizan su ideal; un sueño menos.

_____

_____

4. Me causa tanto pesar,
   Que he llegado a presumir
   Que mucho me debe amar
   Quien tanto me hace sufrir.

_____

_____

EN PAZ

A **Notas biográficas** Complete según lo que Ud. sabe de la vida de Amado Nervo.

1. Nacimiento _____

2. Muerte _____

3. Educación _____

4. Datos personales _____

_____

5. Obra literaria _____

_____

B **¿Qué significa?** Explique el significado de lo siguiente: Él vivió preocupado por el destino del hombre—del más allá. En sus poesías quedan elementos del hombre religioso pero en sus inquietudes por el destino del hombre hay escepticismo.

_____

_____

_____

_____

_____

_____

C **¿Qué significa?** En sus propias palabras, relate la filosofía de la vida que nos presenta Amado Nervo en su poema «En Paz». Indique si Ud. está de acuerdo con su filosofía o no. Defienda su opinión.

_____

_____

_____

_____

_____

_____

Un poco más

A **Un anuncio** Lea el siguiente anuncio.

Elegancia y Distinción

El Palacio de la Novia

¡¡¡Antes de elegir, visítenos!!!

MODELOS ORIGINALES
MODERNOS ACCESORIOS
Mejoramos calidad y
precio en ambas fronteras
20 años de experiencia
son su garantia
realice su ilusión en

▼ ▼ ▼

El Palacio
de la Novia

Amplio estacionamiento
GRATIS
Abrimos los domingos
medio día

16 de Septiembre y Ecuador Tel. 12-42-53

B **Informes** Dé en inglés la siguiente información según el anuncio.

1. name of the establishment _____

2. years in business _____

3. Sunday hours _____

4. what is free _____

5. address of the establishment _____

6. what they sell _____

C **Una esquela** Lea la siguiente esquela que anunció la muerte de tres personas.

✝

D. Tomás Romero Romero

Presidente de Parkestil S.Coop.C.Ltda.

y sus hijos

Tomás Romero Allueva

y

M.ª Isabel Romero Allueva

Han fallecido en Barcelona, en accidente, el día 21 de mayo.

Sus afligidos: esposa, María Isabel Allueva, padres y demás familia, comunican tan sensible pérdida y desean un eterno descanso para sus almas.

El entierro tendrá lugar hoy, día 23 de mayo, a las 11 horas. La salida del cortejo fúnebre se efectuará desde la Residencia de los Príncipes de España de Bellvitge (Hospitalet).

No se invita particularmente.

Barcelona, 23 de mayo

D **Informes** Escriba en español un artículo para el periódico sobre la tragedia.

_____

_____

_____

_____

_____

_____

E **Para la boda**   Lea el siguiente anuncio.

F **¿De qué se trata?**   Explique en inglés de lo que se trata el anuncio.

_____

_____

_____

_____

_____

G. Un vuelo extraordinario Lea el siguiente artículo que apareció en un periódico de Juárez, México.

Nace bebé en un avión en pleno vuelo

✎ EXCÉLSIOR

México, D.F. — Un bebé de 2.5 kilogramos nació en pleno vuelo del Boeing 727 de Mexicana de Aviación, el cual cubría la frecuencia Los Angeles-Guadalajara, informó ayer el secretario general de la Asociación de Sindicatos de Sobrecargos de Aviación de México, Eduardo Eguía.

Tanto la madre como el bebé están bien, tras horas de haber enfrentado un parto «al natural» y sin los adelantos y auxilio de la tecnología médica el «éxito» del alumbramiento, dijo Eguía, se debió en parte al valor de la madre y la asistencia invaluable de los sobrecargos de Mexicana.

Explicó que el vuelo nocturno, conocido éste como «tecolote», el cual en su mayoría traslada en 90 por ciento a trabajadores connacionales que regresan al país, venía lleno, lo cual dificultó brevemente las cosas, pero tras unos ajustes en el espacio de primera clase, se atendió «con cierto nerviosismo», pero con valor a la paciente.

Sin más pormenores, el dirigente sindical indicó que tras el llanto del bebé, se comunicó a los pasajeros del vuelo, quienes festejaron junto con la tripulación de Mexicana de Aviación el nacimiento de un nuevo ser.

Tras reconocer que llegaron con bien al aeropuerto internacional de la ciudad de Guadalajara y que los equipos de auxilio estaban listos para que atendieran a la madre y al bebé recién nacido, Eduardo Eguía indicó que el profesionalismo de los sobrecargos afiliados a la ASSAM quedó corroborado.

H. Informes Conteste en español según el artículo.

1. ¿Dónde nació el bebé?

_____

2. ¿De dónde salió el avión y adónde iba?

_____

3. ¿Cómo están la madre y el bebé?

_____

4. ¿Quiénes ayudaron con el parto?

_____

J. Más preguntas   Explique en inglés según el artículo.

1. What type of flight was it?

_____

2. Who were most of the passengers?

_____

3. What made the situation more difficult?

_____

4. Where did the crew tend to the patient?

_____

5. How did the other passengers find out that a baby had been born aboard the flight?

_____

J. Una esquela   Lea la esquela siguiente que apareció en un periódico de Barcelona.

> **Pepita Llorens i Escoda**
> vidua de Josep Colomé. Ha mort a Barcelona
> confortada amb els Sants Sagraments i la
> Benedicció Apostòlica el día 22 de maig als
> 69 anys d'edat (A.C.S.) Els seus afligits:
> germà, Jaume; germana política, Antònia
> Areny; nebodas, Mercè i Jacqueline i família
> tota ho fan saber a llurs amics i coneguts i
> els preguen la caritat de voler-la tenir
> present en les seves oracions. L'enterrament
> serà avui, día 23, a les 9.50 hores, a les
> capelles de l'I.M.S.F., carrrer Sancho d'Avila,
> 20, on se celebrarà la cerimònia religiosa per
> l'etern repòs de la seva ànima. A continuació
> es trasliadarà a la difunta al cementiri de
> Montjuïc. No s'hi invita particularment.

K. Español, no.   La esquela no está escrita en español. ¿En qué lengua está escrita? ¿Por qué? ¿La puede Ud. entender?

_____

_____

_____

_____

CAPÍTULO **5**

Sucesos y acontecimientos

CULTURA
Acontecimientos históricos

Vocabulario

A **¡Al mar!** Conteste.

1. ¿En qué consiste una flotilla?

   _____

2. ¿Quiénes trabajan a bordo de un barco?

   _____

3. ¿Quién dirige el barco?

   _____

4. ¿Cuál es el nombre que se le da al conjunto (al equipo) de trabajadores a bordo de un barco?

   _____

   _____

5. ¿Qué lleva un rey o una reina en la cabeza?

   _____

6. ¿Qué forma tiene el globo?

   _____

B. Palabras relacionadas Paree.

1. _____ el mar   **a.** la desembocadura

2. _____ apoyar   **b.** la navegación, el navegante

3. _____ desembocar   **c.** la flotilla

4. _____ desembarcar   **d.** marino, el marino

5. _____ navegar   **e.** el desembarque

6. _____ flotar   **f.** el apoyo

7. _____ conquistar   **g.** la corona

8. _____ coronar   **h.** el conquistador

Comprensión

C. Acontecimientos Conteste.

1. ¿Qué son las actualidades?

   _____

   _____

2. ¿Qué son sucesos históricos?

   _____

   _____

3. ¿Qué hay que tomar en cuenta al estudiar la historia de los Estados Unidos?

   _____

   _____

4. ¿Cuándo empezó la influencia española en los Estados Unidos?

   _____

   _____

D **¿Qué es o quién es?** Identifique.

1. 1513

_____

2. Juan Ponce de León

_____

3. Jamestown

_____

4. Cristóbal Colón

_____

_____

5. los hermanos Pinzón

_____

6. La Española

_____

_____

E **Palabras relacionadas** Busque en la lectura palabras relacionadas con las siguientes.

1. llegar _____

2. suceder _____

3. el descubrimiento _____

4. la colonización _____

5. la exploración _____

6. la historia _____

7. gobernar _____

8. navegar _____

9. la fundación _____

CONVERSACIÓN
Un crimen

Vocabulario

A. **¿Cuál es la palabra?** Dé la palabra cuya definición sigue.

1. la oficina de policía _____

2. el acto de tomar algo que no le pertenece, que no es suyo; el acto de quitarle una posesión

   a otro; tomar lo ajeno _____

3. el que le roba la cartera a uno; ladrón de carteras _____

4. el que sufre las consecuencias de un crimen _____

5. un delito grave; un acto criminal _____

6. lo que se hace para distraer a alguien para que no sepa lo que está pasando

   _____

Comprensión

B. **Un incidente** Lea un artículo en el periódico sobre un incidente criminal (un delito). Luego escriba en español un resumen de lo que dice el artículo.

_____

_____

_____

_____

C. **Opiniones** Escriba un párrafo sobre la importancia del trabajo de los policías.

_____

_____

_____

_____

LENGUAJE

A **¿De acuerdo o no?** Conteste.

1. ¿Qué diría Ud. si quisiera expresar que está de acuerdo con la opinión de otro?

   _____

   _____

2. ¿Qué diría Ud. si no estuviera de acuerdo?

   _____

   _____

   _____

B **¡Sí, no o quizás!** Indique el significado de las siguientes expresiones.

	SÍ	NO	QUIZÁS
1. Puede ser.	_____	_____	_____
2. De ninguna manera.	_____	_____	_____
3. Cierto.	_____	_____	_____
4. ¿Crees?	_____	_____	_____
5. No hay manera.	_____	_____	_____
6. Efectivamente.	_____	_____	_____
7. Precisamente.	_____	_____	_____
8. Jamás.	_____	_____	_____
9. En mi vida.	_____	_____	_____
10. Entendido.	_____	_____	_____
11. No cabe duda.	_____	_____	_____
12. Ya veremos.	_____	_____	_____

REPASO DE ESTRUCTURA

El presente perfecto

A **¿Qué no ha hecho el niño hasta ahora?**   Complete con el presente perfecto de los verbos.

Hasta ahora...

1. él no _____ dos palabras. (decir)

2. él no _____ a caminar. (aprender)

3. él no _____ con papi. (jugar)

4. él no _____ a abuelita. (sonreír)

5. él no _____ muchos juguetes. (romper)

B **¿Por qué no le ha escrito?**   Forme frases en el presente perfecto.

1. Todavía / yo / no / le / escribir / Tomás

_____

2. Y cuántas veces / yo / te / decir / debes / escribirle

_____

3. Y cuántas veces / tú / me / prometer / escribirle

_____

4. Pero tú sabes / por qué / yo / no / lo / hacer

_____

5. No, no sé / por qué / tú / no / le / escribir

_____

6. Pues / yo / no / tener / tiempo

_____

7. ¿Tú / no / tener / tiempo?

_____

8. Y tú / recibir / tres / carta / él

_____

C **¿Qué ha hecho Ud. hoy?** Escriba un párrafo describiendo lo que Ud. ha hecho hoy.

_____

_____

_____

_____

_____

_____

D **¿Hay algo o no hay nada?** Conteste según los dibujos.

1. ¿Hay algo en la mesa?

_____

¿Qué hay en la mesa?

_____

_____

2. ¿Tiene algo en la mano el muchacho?

_____

¿Qué tiene en la mano?

_____

_____

3. ¿Está leyendo alguien el periódico?

_____

_____

4. Cuando Ud. mira detrás de la puerta, ¿ve a alguien?

_____

_____

¿Quién está detrás de la puerta?

_____

_____

5. ¿Alguien está en el garaje?

_____

_____

¿Quién está en el garaje?

_____

_____

6. ¿Tiene el niño un gato o un perro?

_____

_____

_____

7. ¿Tiene la señorita algo que leer?

_____

_____

¿Qué tiene que leer?

_____

_____

PERIODISMO

LOS TITULARES

Vocabulario

A ¿**Cuál es la palabra?** Complete con la palabra apropiada.

1. No sé la hora porque mi _____ no anda.

2. El tren no va a llegar a tiempo. Habrá una _____.

3. Existe mucha _____. Hay mucha gente que quiere trabajar pero no puede encontrar trabajo.

4. Yo sé que no va a tener éxito. No hay manera. Seguro que va a _____.

5. No le van a dar permiso. No van a _____ lo que quiere hacer.

6. Los trabajadores quieren _____ el número de horas que tienen que trabajar. Es decir que quieren trabajar menos horas.

7. El pobre ha sufrido un _____, un ataque cardíaco.

8. El _____ en algunos países es un tipo de taxi y en otros es un tipo de autobús.

Comprensión

B **Para estar al corriente.** Conteste.

1. ¿Qué puede uno hacer para informarse de las últimas noticias?

   _____

2. ¿Qué son los titulares y dónde aparecen?

   _____

3. ¿Qué hará el lector si le interesa el titular?

   _____

4. ¿Por qué son importantes los titulares? ¿Por qué no los debemos menospreciar?

   _____

C. Los titulares   Lea de nuevo los titulares en la página 223 de su libro de texto. ¿Cómo expresa el titular la siguiente información?

1. Queda muy poco tiempo para aprobar el cálculo de costos

_____

2. Sin problemas las elecciones en Chiapas

_____

3. Ayer recibió el bautizo el hijo de los Duques de Lugo.

_____

4. El uso de cigarrillos bajos en nicotina no disminuye el peligro o riesgo de un ataque cardíaco.

_____

LOS SUCESOS

Vocabulario

A. ¿Qué significa?   Exprese de otra manera.

1. el fuego _____

2. la onda _____

3. el buque, el barco _____

4. ser la causa de _____

5. bien temprano por la mañana _____

6. la víctima _____

7. el delincuente _____

8. morir _____

B Frases originales Escriba una frase con cada palabra.

1. los damnificados

_____

2. el naufragio

_____

3. destruir

_____

4. las llamas

_____

5. hundirse

_____

6. rescatar

_____

7. fallecer

_____

8. sobrepasar

_____

C Palabras relacionadas Paree.

1. _____ naufragar   **a.** la destrucción

2. _____ madrugar   **b.** el incendio

3. _____ destruir   **c.** el naufragio

4. _____ fallecer   **d.** el rescate

5. _____ damnificar   **e.** la madrugada

6. _____ rescatar   **f.** el fallecimiento

7. _____ encender   **g.** el damnificado

Comprensión

D. **Acontecimientos**   Dé un ejemplo de lo siguiente.

1. un asunto económico

_____

2. un asunto político

_____

3. un accidente

_____

4. un crimen

_____

5. una catástrofe natural

_____

E. **Descripciones**   Dé una descripción de lo siguiente.

1. un robo

_____

_____

2. un accidente

_____

_____

3. un naufragio

_____

_____

4. un incendio

_____

_____

Estructura

El pluscuamperfecto

A **¿Qué había hecho ya?** Complete con el pluscuamperfecto.

1. Yo ya _____. (levantarme)

2. Ya _____. (desayunarme)

3. _____. (tomar una ducha)

4. _____. (vestirme)

5. _____. (leer el periódico)

6. _____. (cepillarme los dientes)

7. _____. (lavar el carro)

B **¿Sí o no?** Conteste.

1. ¿Habías estudiado latín antes de estudiar español?

_____

2. ¿Habías tomado un curso de álgebra antes de tomar un curso de geometría?

_____

_____

3. ¿Habías hecho un viaje en carro antes de hacer un viaje en avión?

_____

4. ¿Habías estado en Chicago antes de ir a Los Ángeles?

_____

5. ¿Habías nadado en una piscina antes de nadar en el mar?

_____

El condicional perfecto

C **¿Qué habría hecho Ud.?**   Escriba cinco cosas que Ud. habría hecho pero que no hizo porque sus padres no lo permitieron o no lo habrían permitido.

1. _____

   _____

2. _____

   _____

3. _____

   _____

4. _____

   _____

5. _____

   _____

D **¿Qué habrían hecho ellos?**   Complete con una forma del condicional perfecto.

1. Yo _____ pero no lo hice porque empezó a llover.

2. Mis amigos _____ a España pero no fueron porque no tenían suficiente dinero.

3. Yo sé que tú _____ pero no lo hiciste porque tenías miedo.

4. Nosotros _____ pero no pudimos porque no nos quedó suficiente tiempo.

5. Yo _____ pero no lo hice porque yo sé que mis padres

   _____ furiosos.

El futuro perfecto

E. **¿Qué habrá hecho Ud.?**   Escriba cinco cosas que Ud. habrá hecho antes del fin de este año.

1. _____

2. _____

3. _____

4. _____

5. _____

F. **Yo habré...**   Escriba cinco cosas que Ud. habrá hecho antes de cumplir los veinticinco años.

1. _____

2. _____

3. _____

4. _____

5. _____

Adjetivos apocopados

G. **Un angelillo**   Complete la conversación.

— Carlitos es un _____ niño. (bueno)
                                    1

— Es verdad. Es adorable. ¿En qué grado está ahora?

— Está en el _____ grado. (primero)
                                2

— No me lo digas. Parece que entró ayer en el kinder.

— _____ día va a ser un _____ hombre. (alguno, grande)
     3   4

— Será el más importante de toda la cuidad de _____ Domingo. (Santo)
                                                5

LITERATURA

Un romance y un corrido

Vocabulario

A **¿Qué es o quién es?** Identifique.

1. un templo islámico _____

2. un castillo o palacio árabe _____

3. un monarca _____

4. un cerro _____

5. un lago pequeño _____

6. un saco, un bulto _____

7. una señora cuyo esposo está muerto _____

8. el prisionero _____

9. el final de la vida _____

10. lo que no es verdad _____

Comprensión

B **Historia de España**   Conteste.

1. ¿Cuándo invadieron los árabes a España?

_____

2. ¿Cuándo salieron del país?

_____

3. ¿Qué más ocurrió en este mismo año?

_____

4. ¿Quién fue el último rey moro en España?

_____

5. ¿De qué ciudad fue expulsado?

_____

6. ¿Qué construyeron los árabes en España?

_____

C **Historia de México** Conteste.

1. ¿Cuándo estalló la Revolución mexicana?

   _____

2. ¿Quién era el dictador de México cuando empezó la revolución?

   _____

3. ¿Cuándo renunció el poder Porfirio Díaz?

   _____

4. ¿Quién fue elegido presidente?

   _____

5. ¿Pudo satisfacer los deseos del pueblo mexicano?

   _____

6. ¿Cómo murió Madero?

   _____

7. ¿Quién tomó el poder?

   _____

8. ¿Quiénes entraron en la capital en 1914 para tratar de establecer un nuevo gobierno?

   _____

   _____

9. ¿Quién derrotó a Pancho Villa?

   _____

D. **Romances y corridos**   Identifique.

1. el juglar

_____

_____

2. los cantares de gesta

_____

_____

3. los romances juglarescos

_____

_____

4. los romances fronterizos

_____

_____

5. el corrido

_____

_____

UN POCO MÁS

A **Titulares** Lea los siguientes titulares.

1. ## Sancionados 36 motoristas sin casco

   Colisión de dos ciclomotores en la confluencia de las calles Real y Cruz Verde

2. ## Detenido por la Policía Local en el interior de una pizzería

   Nuevo «tirón» a un transeúnte en la calle Montañés

3. **Alarma por una camioneta sin conductor en Alberto Alcocer**

4. **Una ráfaga de aire tiró al suelo la pantalla de un cine de verano**

5. ## Cuatro muertos al estrellarse el avión que extinguía un incendio en Gerona
   La N-II fue cortada al tráfico a causa del fuego

B **En inglés** Escriba en inglés lo que cada titular anuncia.

1. _____
   _____

2. _____
   _____

3. _____
   _____

4. _____
   _____

5. _____
   _____

ᙅ **La historia de la conquista de México**   Lea lo siguiente.

Una conquista llena de intrigas

En el año 1511 Diego Colón, el hijo del famoso descubridor de América, Cristóbal Colón, decidió conquistar a Cuba. Diego Colón nombró a Diego Velázquez jefe de la expedición. Un cierto Hernán Cortés acompañó a Velázquez en la expedición a Cuba como secretario. Después de la conquista de Cuba, Velázquez nombró a Cortés alcalde de Santiago de Cuba. Siete años más tarde, en 1518, Velázquez nombró a Cortés capitán de una expedición para conquistar a México. Pronto empezaron a surgir muchos problemas y muchas intrigas entre estos dos señores.

Aun antes de la salida de Cortés de Cuba, Velázquez había oído rumores que Cortés no le iba a ser fiel. Así Velázquez trató de parar la expedición de Cortés pero no pudo. Como Velázquez estaba en la Habana y Cortés estaba en Santiago, Cortés ya había salido antes de la llegada de Velázquez a Santiago. Cortés salió de Cuba en febrero de 1519 con sólo once barcos y unos quinientos hombres.

El viernes Santo de 1519 Cortés y sus hombres llegaron a la costa de México. Cortés nombró al pueblo Veracruz. Cortés era un hombre valiente y no había duda que él quería emprender la conquista de México por su cuenta. Él oyó que algunos de sus hombres querían volver a Cuba. Él sospechaba que estaban con Velázquez y no con él. Así, al llegar a México, Cortés decidió quemar los barcos y así hizo. Quemó todos los barcos para hacer imposible el regreso de sus hombres a Cuba. Luego empezó la marcha hacia el interior del país.

Durante esta marcha pasaron por muchos pueblos indios. En aquel entonces el emperador de los aztecas era Moctezuma. Su capital era Tenochtitlán, hoy la Cuidad de México. Muchos de los indios fuera de la capital eran enemigos de Moctezuma y ellos se unieron a Cortés y le dieron ayuda. Así Cortés pudo marchar a la capital sin mucha dificultad.

Cuando Cortés llegó a la capital, Moctezuma en persona salió a recibirlo. ¿Por qué había decidido recibir a un enemigo? Pues, Moctezuma había oído que venía un hombre blanco. Él creía que este hombre extraño tenía que ser Quetzalcóatl. Entre los indios había una leyenda que decía que el dios Quetzalcóatl había salido de Tenochtitlán con algunos hombres hacia el golfo de México. Según la leyenda, Quetzalcóatl había dicho a los indios que iba a regresar a Tenochtitlán en el año de «acatl». En el calendario azteca el año «acatl» era el año 1519, el año en que Cortés llegó a México. Para no ofender al «dios», Moctezuma le dio regalos a Cortés y lo alojó en un gran palacio en la magnífica capital azteca de Tenochtitlán.

Poco después de entrar en Tenochtitlán, Cortés recibió noticias de que Velázquez había mandado una expedición dirigida por Pánfilo de Narváez para hacerle prisionero a Cortés. Cortés fue a Veracruz y allí encontró y derrotó a Narváez y sus tropas.

Durante su ausencia de Tenochtitlán Cortés había puesto a cargo a Pedro de Alvarado. Los indios de Tenochtitlán no podían aceptar las crueldades de los españoles, sobre todo las de Alvarado. Tampoco podían aceptar lo que ellos consideraban la cobardía de su monarca. Las relaciones entre los españoles y los indios eran malísimas. A su regreso Cortés persuadió a Moctezuma a hablar con sus capitanes para calmarlos. Moctezuma trató de hablarles desde la azotea de su palacio pero sus hombres le dieron una pedrada tan grande en la cabeza que a los tres días él murió. Después de su muerte los indios atacaron a los invasores. La noche del 30 de junio de 1520 murieron más de cuatrocientos españoles. Cortés y los pocos hombres que quedaron tuvieron que huir de Tenochtitlán. Se llama la «Noche triste». Se dice que aquella noche Cortés se sentó debajo de un árbol en las afueras de Tenochtitlán y lloró la pérdida de la ciudad.

¿Terminó así la conquista de México por los españoles? No, Cortés esperó refuerzos y el 21 de mayo de 1521 él comenzó de nuevo el sitio de Tenochtitlán. Fue una batalla horrible. Murieron más de ciento cincuenta mil indios, y el emperador Cuauhtémoc fue bárbaramente torturado por no revelar dónde tenía escondidos sus tesoros. Él prefirió morir a ser traidor. Hoy Cuauhtémoc es un gran héroe del pueblo mexicano.

D. Figuras históricas Paree.

1. _____ Diego Colón

2. _____ Diego Velázquez

3. _____ Hernán Cortés ·

4. _____ Moctezuma

5. _____ Pánfilo de Narváez

6. _____ Quetzalcóatl

7. _____ Pedro de Alvarado

8. _____ Cuauhtémoc

a. emperador de los aztecas cuando los invasores españoles llegaron por primera vez a la capital azteca

b. señor enviado a México por Velázquez para hacer prisionero a Cortés

c. el hijo del descubridor de América que decidió conquistar a Cuba

d. dios blanco de los aztecas que, según una leyenda, iba a regresar a la capital

e. emperador de los aztecas que fue torturado por los españoles; hoy un gran héroe del pueblo mexicano

f. señor que fue nombrado jefe de la expedición a Cuba por Diego Colón

g. señor puesto a cargo de Tenochtitlán por Cortés mientras Cortés fue a luchar contra las tropas de Narváez

h. señor que acompañó a Velázquez como secretario en la expedición a Cuba; fue nombrado alcalde de Santiago y más tarde decidió conquistar a México

E   **Lugares**   Paree.

1. _____ España

2. _____ Cuba

3. _____ Santiago

4. _____ la Habana

5. _____ Veracruz

6. _____ Tenochtitlán

    a. isla del Caribe conquistada por los hombres de Velázquez

    b. capital y ciudad más importante de Cuba

    c. gran capital de los aztecas; hoy la Ciudad de México

    d. ciudad de Cuba que una vez tuvo como alcalde a Hernán Cortés

    e. puerto adonde llegaron Cortés y sus hombres en la costa de México

    f. país europeo de donde salieron muchos descubridores y conquistadores del Nuevo Mundo

F   **Fechas**   Paree.

1. _____ 1511

2. _____ 1519

3. _____ 1520

4. _____ 1521

    a. año en que Cortés salió de Cuba para conquistar a México

    b. año en que Cortés conquistó a México; perdieron la vida miles y miles de indios y fue bárbaramente torturado el emperador

    c. año en que perdieron la vida muchos españoles cuando los indios les hicieron huir de Tenochtitlán

    d. año en que Diego Colón decidió conquistar a Cuba

    e. año en que Cortés llegó a Veracruz, quemó sus barcos y se marchó al interior

G   **En orden cronológico**   Ponga los siguientes sucesos en orden cronológico.

_____ Diego Colón decidió conquistar a Cuba.

_____ Cortés quemó sus barcos en el puerto de Veracruz.

_____ Cortés salió de España como secretario de Velázquez en la expedición a Cuba.

_____ Cortés salió de Santiago para ir a conquistar a México.

_____ Diego Colón nombró a Diego Velázquez jefe de la expedición a Cuba.

_____ Velázquez nombró a Cortés alcalde de Santiago.

_____ Cortés y sus hombres marcharon a Tenochtitlán para tomar la capital de los aztecas.

_____ Cortés y sus hombres llegaron a un puerto en la costa de México que él nombró Veracruz.

H **Preguntas** Conteste a las siguientes preguntas en inglés.

1. Velázquez tried to stop Cortés' expedition to Mexico. Why did he try to stop it?

_____

2. When Cortés arrived on the shores of Mexico, he burned his ships. Why did he do that?

_____

_____

3. Even though Cortés was an enemy, Moctezuma, the emperor of the Aztecs, gave him gifts and put him up in a magnificent palace. Why did Moctezuma receive Cortés in such a way?

_____

_____

4. Why did Cortés have to leave Tenochtitlán to go back to the coast of Mexico?

_____

5. The Aztecs themselves finally killed their leader Moctezuma. Why did they kill him?

_____

6. After the death of Moctezuma, the Spaniards had to flee from Tenochtitlán. Why?

_____

7. Almost one year after they fled, the Spaniards returned to Tenochtitlán with reinforcements. At that time Cuauhtémoc was the emperor of the Aztecs. The Spaniards tortured him in a most barbarous way. Why?

_____

8. Why is Cuauhtémoc a great hero of the Mexican people?

_____

I. Un romance Lea lo siguiente.

El último rey godo de España antes de la conquista de los árabes fue don Rodrigo. El siguiente trozo de un romance histórico de la época trata de la leyenda de Rodrigo.

Ayer era rey de España, —hoy no lo soy de una villa;

ayer villas y castillos, —hoy ninguno poseía;

ayer tenía criados, —hoy ninguno me servía;

hoy no tengo almena *(parapet)* —que pueda decir que es mía.

J. Preguntas Conteste.

1. ¿Quién nos habla en el romance?

_____

2. ¿Qué tenía ayer?

_____

3. ¿Qué posee hoy?

_____

CAPÍTULO **6**

Los valores

CULTURA

Los valores

Vocabulario

A. **Sinónimos** Exprese de otra manera.

1. Ellos van a *dividir* sus *bienes*.

_____

2. Yo no sé *la conexión familiar* entre los dos.

_____

3. Ellos los quieren *dar protección* al niño.

_____

4. Ellos van a *tomar la responsabilidad* de la crianza del niño.

_____

5. Él es *una persona que nadie conoce aquí*.

_____

6. *Da vueltas* alrededor de un eje.

_____

Comprensión

B **Valores culturales** Explique.

1. ¿Qué son valores?

_____

_____

_____

_____

2. ¿Cuáles son algunos valores predominantes en las culturas occidentales?

_____

_____

_____

_____

_____

3. ¿Cómo puede una cultura tener ciertos valores sin respetarlos?

_____

_____

_____

_____

C **Sí o no?** Conteste.

1. _____ Los valores son ideas concretas.

2. _____ Los valores son siempre buenos y deseables.

3. _____ Cada persona desarrolla sus propias metas pero la cultura provee las normas aceptables.

4. _____ Los valores de una cultura pueden cambiar de repente.

5. _____ Los valores de casi todas las culturas son los mismos.

D **Generosidad y orgullo**   Explique en español lo que Ud. considera la diferencia entre la generosidad y el orgullo.

_____

_____

_____

_____

_____

_____

Conversación y lenguaje

El que invita paga

A **Una invitación**   Escriba una conversación entre Ud. y un(a) buen(a) amigo(a). Ud. está invitando a su amigo(a) a hacer algo o a ir a alguna parte.

_____

_____

_____

_____

_____

_____

_____

_____

_____

_____

_____

REPASO DE ESTRUCTURA

Usos especiales del artículo

A. Algunos hechos   Conteste.

1. ¿Cuáles son algunos animales?

   _____

2. ¿Cuáles son algunos animales salvajes?

   _____

3. ¿Cuáles son algunas ciencias?

   _____

4. ¿Cuáles son algunos idiomas?

   _____

5. Por lo general, ¿qué les gusta a los niños?

   _____

6. ¿Cuál es tu estación favorita del año?

   _____

7. ¿Cuál es tu deporte favorito?

   _____

8. ¿Cuáles son algunos comestibles que a ti te gustan?

   _____

B **¿Está el doctor?** Complete con el artículo cuando sea necesario.

—Buenos días, _____ señorita Gómez.
                      1

—Buenos días, _____ señor Guillén. ¿Cómo está Ud.?
                      2

—Muy bien. ¿Está _____ doctor Jiménez hoy?
                         3

—Lo siento mucho. En este momento _____ doctor Jiménez no está. Hubo una
                                         4
emergencia en el hospital.

—¿Sabe Ud a qué hora va a volver?

(Suena el teléfono.)

—Perdón, un momentito, _____ señor Guillén.
                              5
(Contesta el teléfono.)

—¡Aló! Ah, _____ doctor Jiménez. En este momento está _____
                 6   7
señor Guillén en la consulta. Quiere saber a qué hora Ud. volverá al consultorio. Ah, bien.
Se lo diré.

(_____ *señorita Gómez cuelga el teléfono.)*
         8

—¡Desgraciadamente _____ doctor Jiménez no volverá esta tarde! Tiene que
                          9
operar a un paciente. ¿Puede Ud. volver mañana por la mañana a las diez,

_____ señor Guillén?
       10

—De acuerdo, _____ señorita. Estaré aquí mañana a las diez.
                    11

C Dónde está el doctor Jiménez? Conteste según la conversación.

1. ¿Dónde está el señor Guillén?

_____

2. ¿Con quién habla él?

_____

3. ¿Con quién quiere hablar?

_____

4. ¿Está o no está el doctor Jiménez?

_____

5. ¿Quién contesta el teléfono?

_____

6. ¿Quién llama?

_____

7. ¿Por qué no volverá al consultorio el doctor Jiménez?

_____

8. ¿Para cuándo tiene cita con el doctor Jiménez el señor Guillén?

_____

D En otras palabras Lea la conversación en la Práctica B. Luego escriba todo lo que pasó en el consultorio.

_____

_____

_____

_____

_____

_____

_____

E **¿Qué día?** Complete con el artículo cuando sea necesario.

1. _____ lunes es el primer día de la semana.

2. Mi hermano sale para Madrid _____ lunes.

3. Tenemos clases _____ lunes.

4. _____ lunes y _____ martes son días laborables.

5. _____ sábado y _____ domingo son días feriados.

F **¿Cuál es su profesión?** Conteste según se indica.

1. ¿Qué es el doctor Suárez? (profesor)

_____

2. ¿Qué tipo de profesor es? (fantástico)

_____

3. ¿Qué es la doctora Casals? (cirujana)

_____

4. ¿Qué tipo de cirujana es? (ortopédica)

_____

Pronombres con preposción

G **Preguntas personales** Conteste.

1. ¿Quieren tus amigos ir al café contigo?

_____

2. ¿Te invitan a ir con ellos?

_____

3. ¿Quieres ir con ellos?

_____

4. ¿A ti te gusta ir al café?

_____

5. ¿Y a ellos también?

_____

H **¿Quién?** Escriba con pronombres.

1. Yo trabajo para *los hermanos Garza*.

_____

2. Yo trabajo con *la hija mayor de Antonio Garza*.

_____

3. Yo voy al trabajo con *su hija*.

_____

I **¿Quieres...?** Forme una pregunta y contéstela según el modelo.

bailar
¿Quieres bailar conmigo?
Sí, me gustaría bailar contigo.

1. estudiar

_____

_____

2. ir al cine

_____

_____

3. jugar al fútbol

_____

_____

PERIODISMO

UNA CARTA AL DIRECTOR

Vocabulario

A ¿Cuál es la palabra? Complete con una palabra apropiada.

1. La situación es muy confusa y mi amiga no sabe qué hacer. Ella está

   _____.

2. Es una persona buena y generosa. Todos reconocen su _____.

3. Lo quiero mucho. Yo le tengo mucho _____.

4. Te voy a _____ algo. A ver si te interesa.

5. Él lo ha rehusado completa y _____.

6. El señor _____ y no volvió. Nadie sabe dónde está.

7. Él es _____. No va a cambiar de opinión.

B Palabras relacionadas Paree.

1. _____ guiar   a. la baja

2. _____ bajar   b. la propuesta

3. _____ autorizar   c. el cargo

4. _____ cargar   d. el guía

5. _____ proponer   e. la autorización

Comprensión

C Un malentendido Invente otro malentendido que pudiera surgir (ocurrir) entre un turista y un guía de diferentes grupos culturales.

_____

_____

_____

_____

LA INFLUENCIA DE LA FAMILIA

Vocabulario

A **Preguntas personales**   Conteste.

1. ¿Cuál es una meta que Ud. tiene y que considera muy importante?

_____

_____

2. ¿Se asemeja Ud. a otra persona en su familia? ¿A quién se asemeja Ud.? ¿Cómo se asemejan?

_____

_____

3. ¿Cuál es una cosa que le extraña a Ud.?

_____

_____

4. ¿Le interesa el arte taurino? ¿Por qué?

_____

_____

5. ¿Cuál es una tontería que Ud. ha cometido una vez en su vida?

_____

_____

6. ¿Qué está Ud. dispuesto(a) a hacer esta tarde?

_____

_____

B **Palabras relacionadas** Paree.

1. _____ vengar   **a.** la herencia, el heredero

2. _____ elegir   **b.** la elección

3. _____ heredar   **c.** la semejanza

4. _____ aportar   **d.** la disposición

5. _____ asemejar   **e.** la venganza

6. _____ disponer   **f.** la aportación

Comprensión

C **Una entrevista** Prepare Ud. una lista de preguntas que Ud. quisiera hacerle al hijo de Paquirri si tuviera la oportunidad de entrevistarle.

_____

_____

_____

_____

_____

_____

_____

_____

_____

_____

_____

_____

ESTRUCTURA

Los tiempos compuestos del subjuntivo

A **Me alegro de que...** Complete.

1. Me alegro de que ellos _____

_____. (llegar esta mañana)

2. Me alegro de que ellos _____

_____. (venir en avión)

3. Me alegro de que ellos _____

_____. (hacer un buen viaje)

4. Me alegro de que ellos _____

_____. (decidir quedarse conmigo)

B **Espero que...** Complete.

1. Espero que él _____. (salir)

2. Espero que él _____

_____. (encontrar un taxi sin

problema)

3. Espero que él _____

_____. (no encontrar mucho

tráfico en la carretera)

4. Espero que él _____

_____. (llegar a tiempo

al aeropuerto)

5. Espero que él _____

_____. (no encontrar

ningún problema)

C **No lo creo** Complete con un tiempo compuesto del subjuntivo.

1. Yo no creo que él _____ tal cosa. (hacer)

2. Yo no creía que él _____ tal cosa. (hacer)

3. Ellos no creen que nosotros lo _____. (ver)

4. Ellos no creían que nosotros lo _____. (ver)

5. ¿Es posible que ellos _____? (perderse)

6. ¿Fue posible que ellos _____? (perderse)

Cláusulas con si

D **Si pudiera** Complete.

1. Yo recibiré una A en español si _____

   _____.

   Yo recibiría una A en español si _____

   _____.

   Yo habría recibido una A en español si _____

   _____.

2. Yo haré el viaje si _____

   _____.

   Yo haría el viaje si _____

   _____.

   Yo habría hecho el viaje si _____

   _____.

3. Yo saldré con él (ella) si _____

   _____.

   Yo saldría con él (ella) si _____

   _____.

   Yo habría salido con él (ella) si _____

   _____.

Los pronombres posesivos y demostrativos

E **Un boleto extraviado**   Complete con la forma apropiada del pronombre posesivo o demostrativo.

—¿Quién tiene mi boleto?

—No tengo idea. _____ *(que tengo aquí)* es _____ y
              1   2

_____ *(que está en la mesa)* es de Carlos.
         3

—Pues, si _____ es _____ y _____ es de Carlos,
                  4   5   6

¿qué habré hecho yo con _____?
                                  7

—Francamente no he visto _____. ¿Puede ser que los pusieras con tu
                                   8

pasaporte? Mira, hay un boleto con tu pasaporte.

—Sí, lo sé. Pero no es _____. _____ que está con mi pasaporte
                              9   10

es _____ Sandra.
          11

—¿Cómo es que tú sabes donde está _____ Sandra y no tienes idea de lo que
                                              12

has hecho con _____?
                      13

LITERATURA

ZALACAÍN EL AVENTURERO

Vocabulario

A **¿Qué es?** Identifique.

1. _____

2. _____

3. _____

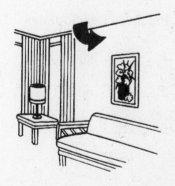

4. _____

5. _____

6. _____

7. _____

8. _____

B Sinónimos   Exprese de otra manera.

1. Él está enterrado en *el camposanto* en las afueras de *la villa*.

_____

2. No sé dónde *vive* ahora.

_____

3. No se puede *cruzar* la calle aquí.

_____

4. No sé por qué, pero la verdad es que él le tiene *mucha hostilidad, mucha antipatía*.

_____

5. *Me causa miedo* lo que él está haciendo.

_____

6. *Es una posesión mía*.

_____

C Palabras relacionadas   Paree.

1. _____ empujar   **a.** el susto

2. _____ odiar   **b.** la travesía

3. _____ adivinar   **c.** el empujo

4. _____ matar   **d.** la habitación

5. _____ asustar   **e.** el odio

6. _____ habitar   **f.** el sueño

7. _____ soñar   **g.** la adivinanza

8. _____ atravesar   **h.** la matanza

Comprensión

D **Zalacaín** Conteste.

1. ¿Quién escribió *Zalacaín el Aventurero?*

_____

2. ¿Quién es el protagonista de la novela?

_____

3. ¿Dónde nació?

_____

4. ¿Cómo era su familia?

_____

5. ¿Cuándo y de qué murió su padre?

_____

6. ¿Dónde recibió su educación?

_____

7. ¿Por qué le llamó «ladrón» un vecino?

_____

E **Pío Baroja** Dé los siguientes informes sobre el autor.

1. lugar de nacimiento _____

2. fecha de nacimiento _____

3. profesiones u oficios _____

4. intereses _____

5. opiniones _____

F **Descripiones** Describa lo siguiente.

1. la casa de Martín

_____

_____

2. el padre de Martín

_____

_____

3. Martín Zalacaín

_____

_____

4. la familia Ohando

_____

_____

G **Martín y Carlos** Use su imaginación y escriba la conversación que tuvo lugar entre Martín Zalacaín y Carlos Ohando.

_____

_____

_____

_____

_____

_____

_____

_____

_____

_____

MI PADRE

Vocabulario

A **¿De qué se habla?** Escoja.

1. Él tenía una cicatriz en el mentón.

   a. Alguien le habría dado un empujón.

   b. Se habría cortado.

   c. Tenía la boca abierta.

2. El joven tragó algo y por poco se ahoga.

   a. Estaba tomando una gaseosa.

   b. Estaba quitando las macarelas del barril.

   c. Estaba mirando el lago.

3. Tenía escalofríos.

   a. Estaba haciendo mucho calor.

   b. Estaba enfermo y tenía fiebre.

   c. Quería escalar la casa.

4. Él llegó sin aliento.

   a. Habría hecho un viaje largo.

   b. Todos esperaban su llegada.

   c. Tenía dificultad en respirar.

5. Todo el mundo lo envidia.

   a. Tiene tanto.

   b. No tiene nada.

   c. Él odia a todos.

6. Él lo hizo a hurtadillas.

   a. Todo el mundo lo vio.

   b. No quería que nadie supiera.

   c. Él se puso de rodillas.

7. Él tiene muchas virtudes.

   a. Es un tipo bastante cruel.

   b. No tiene moral.

   c. Hace muchas cosas buenas.

Comprensión

B **Mi padre** Escriba en español un resumen corto del cuento «Mi padre».

_____

_____

_____

_____

_____

_____

_____

_____

C **Opiniones** ¿Le gustó el cuento o no? Explique por qué.

_____

_____

_____

_____

_____

_____

_____

_____

_____

UN POCO MÁS

A. **Un artículo**   Lea el siguiente artículo que apareció en un periódico español. Luego conteste las preguntas en inglés.

1. What is the main idea of the article?

_____

_____

_____

_____

_____

2. In the article, what parallel is made between the United States and Spain?

_____

_____

_____

_____

_____

Idioma común

Reconocido el derecho de las minorías al uso de las lenguas maternas, nace en los Estados Unidos un amplio movimiento de opinión para reafirmar el papel del inglés como único idioma oficial de la nación, especialmente en aquellos Estados, como los del sur, donde existen mayores contingentes de hispanohablantes. La medida no tiene en cuenta, evidentemente, factores estadísticos que convierten el castellano en segundo idioma en algunos de esos Estados y le otorgan una condición relevante. Pero, por mucho que nos duela como miembros de una comunidad idiomática, representa un esfuerzo hacia la unidad del idioma, como soporte y reforzamiento de la identidad cultural de la nación. La pretensión de mantener a ultranza el idioma materno en los Estados Unidos, con desprecio del inglés, se ha demostrado nociva para el progreso social y profesional de los individuos. Se trata, en definitiva, de evitar los peligros de la atomización lingüística. En el caso de España, frente al saludable renacimiento de los idiomas vernáculos, el castellano no debe perder su condición hegemónica y aglutinante. El ejemplo de los Estados Unidos —sociedad multirracial y multilingüe por excelencia, además de Estados federal —deberá hacernos reflexionar sobre los riesgos de prescindir o relegar a un segundo plano el idioma oficial.

B Idiomas Lea lo siguiente.

Como ha leído en el artículo en la Práctica A, se oyen y se hablan varios idiomas en España. En Cataluña se habla el catalán que es muy parecido al provenzal que se habla en algunas regiones del sur de Francia. El mallorquín que se habla en las islas Baleares es una variante del catalán. En el noroeste, en Galicia, se habla el gallego que se parece mucho al portugués. Y en el País Vasco se habla vascuence, un idioma misterioso. El vascuence es único y no se sabe su origen. No tiene semejanza con ningún otro idioma. *Euskera* es como se dice «vascuence» en el vascuence.

C Versos en otros idiomas de España Lea lo siguiente.

1. Éste es el primer verso de un poema en tres versos que lleva el título *Nadal. Nadal* es catalán. Quiere decir «Navidad». Lea el verso para ver cuánto Ud. puede comprender. Luego a la derecha lea la traducción española del verso.

<table>
<tr><td align="center">**Nadal**</td><td align="center">**Navidad**</td><td></td></tr>
<tr><td>Sento el fred de la nit i la
   sinbonba fosca</td><td>Siento el frío nocturno y la
   zambomba* oscura</td><td rowspan="5">*rustic drumlike
instrument</td></tr>
<tr><td>Aixi el grup d'homes joves
   que eara passa cantant</td><td>el grupo de hombres jóvenes
   que ahora pasa cantando</td></tr>
<tr><td>Sento el carro dels apis que
   l'empedrat recolza</td><td>el rodar en la esquina del
   carro de verduras,</td></tr>
<tr><td>i els altres que l'avancen
   d'dreca al mercat.</td><td>los otros que le siguen
   camino del mercado.</td></tr>
</table>

2. Éste es un verso de la gran poetisa gallega Rosalía de Castro. El poema está escrito en gallego. Con un poco de imaginación Ud. podrá leerlo fácilmente. Lea también el poema traducido al español a la derecha.

<table>
<tr><td align="center">**Poema VI**</td><td align="center">**Poema VI**</td></tr>
<tr><td>¿Qué pasa o redor de min?</td><td>¿Qué pasa alrededor de mí?</td></tr>
<tr><td>¿Qué me pasa quéu non sei?</td><td>¿Qué pasa que no sé?</td></tr>
<tr><td>Teño medo d'un-ha cousa</td><td>Tengo miedo de una cosa</td></tr>
<tr><td>   que vive e que non se ve.</td><td>   que vive y que no se ve.</td></tr>
<tr><td>Teño medo a desgracia traidora</td><td>Tengo miedo a la desgracia traidora</td></tr>
<tr><td>que ven, e que nunca se sabe</td><td>que viene, y que nunca se sabe</td></tr>
<tr><td>   ónde ven.</td><td>   adonde viene.</td></tr>
</table>

3. Esta poesía popular que se titula *Zerena* está escrita en euskalduna o vascuence. ¿La puede leer? Si no, use la traducción al español a la derecha.

Zerena	La sirena
Ur andian ba umen da	Existe en el Océano
Kantazale eder bat	una buena cantora
Zerena deitzenden bat	que llaman Sirena.
Itsasoan inganatzen	Ella es la que encanta
Ditu hak pasaierak	y seduce a los pasajeros en alta mar,
hala nola no maitenak.	como igualmente a mí, mi bien amada.

D. Cinco duros   Lea el siguiente cuento.

Llegué esa misma tarde a la Villa y desde la estación fui en taxi al hotel. La ciudad había cambiado mucho en los pocos años que me encontré en el extranjero. Por todas partes estaban construyendo edificios, aparcamientos, bares americanos, todas las cosas típicas de una gran metrópoli.

Subí a la habitación y después de bañarme y ponerme decente, bajé y me encaminé hacia la Plaza de San Miguel, uno de los lugares más castizos del Madrid Viejo.

Mi propósito era ver a mi viejo amigo José, pintor de gran talento y poca plata. Bien sabía yo que a esa hora del atardecer estaría él instalado en su balcón observando la animación de la plaza, el ir y venir de la gente por la calle y en las terrazas.

De hecho, allí estaba. Como si no hubieran intervenido años enteros. Tal como le había dejado años atrás. Me vio. Le hice una señal y bajó en seguida a la calle. Después de un abrazo y los saludos le invité a cenar.

Comimos un sabroso cochinillo que regamos con un tinto de Valdepeñas. La sobremesa también daba gusto. Hablamos de arte, de política, de todo lo que nos venía a la mente. Me contó de lo difícil que le iban las cosas con su arte; de lo penosa que era su situación económica.

Salimos del restaurante y pasamos por la Plaza Mayor.

—¿Te apetece un buen café y una copita?, —me preguntó José.

—¡Hombre! ¡Qué magnífica idea!

En un pequeño café a dos pasos del Palacio Real nos metimos a tomarnos un «buen café» y a continuar una conversación que parecía haber comenzado diez años antes.

Llegó el camarero.

—¿Qué desean los señores?

—Tráiganos un café y una copa de coñac. De lo mejor de la casa.

Mencionó José entonces una marca que es de las caras. Nos trajeron café y copa.

—Este coñac me sabe a coñac de garrafa. Pruébalo tú, José.

—Tienes razón. No es el que pediste, —respondí.

Llamó al camarero y le dijo que no nos había servido lo que pedimos. También pidió la cuenta. El camarero desapareció y volvió con una botella del coñac que queríamos.

—La cuenta, por favor. —dijo José.

—Aquí está el coñac que pidió Ud., don José.

—No, sólo quiero pagar mi cuenta. ¿Qué se debe?

—A ver. Dos cafés, son cuatro pesetas.

—¿Y los coñacs?

—Pero no los tomaron Uds. No se los cobro.

—Pero los pedimos. Lo que pido, pago. ¿Cuánto le debo?

—Ay, señor. Bueno. Son cuatro de café más dieciséis de coñac. Veinte pesetas.

—Tome Ud.

Y veo que José le da una moneda de cinco duros.

Con eso volvemos a la calle sin tomarnos la copa. Se abre la puerta del café y sale el dueño.

—Don José. ¡Tome sus cinco duros!

—No, señor. Pago lo que pido.

—Pero Ud. no tomó nada.

—No importa. Lo que pido, pago.

—Pues yo no lo acepto.

—Déselo pues al chico, si quiere.

—Ay, don José. ¡Qué duro es Ud.!

—Nada, nada. Sencillamente pago lo que pido.

—Bueno, don José. Como Ud. quiera.

Seguimos andando un rato y por fin le digo a mi amigo:

—Oye, tú. ¿Qué te pasa? ¿Estás loco o qué?

—¿Por qué me preguntas eso?, —responde.

—Bastante escasas son tus monedas para permitirte tirarlas, hijo mío.

—Ahí es donde te equivocas, me hermano.

—Explícame eso, si puedes, —le digo.

—Muy sencillo. Me ha salido baratísimo.

—¡Baratísimo! Estás chiflado, pero de veras.

—Es que tú no comprendes. Por cinco miserables duros me quedo yo un caballero.

E **Preguntas** Conteste.

1. ¿Cómo se divertía José todas las tardes?

   _____

2. ¿Por qué invitó el autor a José a comer y no vice versa?

   _____

3. ¿Por qué insistiría José en invitar a su amigo a tomar café?

   _____

4. ¿Por qué quería el camarero cobrarle sólo cuatro pesetas?

   _____

5. El dueño dice que no acepta los cinco duros. José le dice, «Déselo pues al chico, si quiere». ¿Qué quiere decir eso?

   _____

6. El dueño le dice a José, «Ay, don José. ¡Qué duro es Ud.!» Explique Ud.

   _____

7. En el quinto párrafo se habla de «la sobremesa». ¿Qué es la sobremesa?

   _____

F **Opiniones** Explique.

1. Las reacciones del pintor ante las circunstancias de este episodio sirven para ilustrar algo esencial del carácter hispano. Explique en español lo que puede ser.

   _____

   _____

   _____

2. ¿Cuál es el punto de vista del amigo de José en cuanto a lo ocurrido?

   _____

   _____

   _____

G **Diez años después, Francisco Rivera Ordóñez sigue en el ruedo.** Mire la entrada a la corrida y luego lea el artículo que apareció en el periódico el día después.

Fran Rivera Ordóñez y Conrado Gil Belmonte, triunfadores en Tarifa

Toros en Conil en sesión matinal con Jesulín, Rafi Camino y Cristo

Redacción
Cádiz

En la plaza de toros de Tarifa se celebró una novillada con picadores en la que se lidiaron cuatro novillos de Carlos Núñez, uno de Ana Romero jugado en segundo lugar, y uno de Marcos Núñez, completando el sexteto, que saltó a la arena en el cuarto puesto de la suelta.

Los novillos estuvieron bien presentados siendo muy bueno el quinto, de Carlos Núñez, que fue premiado con la vuelta al ruedo. Los demás resultaron manejables y con dificultades tercero y sexto. El aforo de la plaza se cubrió en sus tres cuartas partes.

Abrió plaza el malagueño Francisco Moreno que anduvo fácil con capote y muleta matando en su sitio, demostrando estar puesto. Obtuvo una oreja y dos vueltas tras petición.

Francisco Rivera Ordóñez, valiente y confiado, falló a espadas en su primero y fue aplaudido. Al quinto lo toreó con temple cuajando una gran faena a un novillo que rompió en la muleta y mereció al vuelta al ruedo. Le cortó las dos orejas y el rabo.

El algecireño Conrado Gil Belmonte obtuvo un balance de dos orejas y oreja. Anduvo muy sereno y con oficio, doblándose muy bien con su primero, destacando en unos ayudados con mucho mando y muy certero con el estoque. Al sexto, que brindó al aficionado gaditano Alfonso Caravaca, le cortó la oreja después de lidiarlo a gran altura con la capa y funadando su faena en la mano derecha que manejo con soltura, oficio y poder.

H. Preguntas Escoja según el artículo.

1. La novillada que describe el artículo tuvo lugar en _____.

   a. Conil

   b. Tarifa

   c. Cuatro Puesto

2. Carlos Núñez y Ana Romero _____.

   a. son toreros

   b. crían toros

   c. son novillos

3. El novillo que era muy bueno era el número _____ en salir a la plaza.

   a. tres

   b. cuatro

   c. cinco

4. El torero que actuó primero fue _____.

   a. Francisco Moreno

   b. Francisco Rivera Ordóñez

   c. Conrado Gil Belmonte

5. A Francisco Rivera Ordóñez el público le _____ después de su primer toro.

   a. aplaudió

   b. insultó

   c. dio una oreja

6. El toro al que Francisco Rivera Ordóñez toreó mejor fue el _____.

   a. primero

   b. tercero

   c. quinto

7. El torero de Málaga es _____.

   a. Francisco Moreno

   b. Francisco Rivera Ordóñez

   c. Conrado Gil Belmonte

8. Los espectadores llenaron _____ de la plaza.

   a. la mitad

   b. tres cuatros

   c. toda

Otra opinión de la corrida Muchos españoles consideran la corrida de toros salvaje, violento e inhumano. Lea el siguiente artículo editorial que apareció en un periódico español poco después de la muerte de *Paquirri*.

Paquirri
MANUAL VICENT

El diestro Francisco Rivera *Paquirri*, muerto no directamente por asta[1] de toro, sino a causa de la cochambre[2] que rodea la fiesta, acaba de alcanzar la gloria cañí. Sería demasiado fácil cebarse ahora con esta vergüenza nacional, describir una enfermería con cucarachas, añadir otra mano sucia a cuantas palpaban la terrible carnicería del torero y mojaban los dedos en la salsa del plato que nos ha ofrecido la televisión. Después se podría continuar viaje en macabra caravana detrás de la ambulancia por una carretera de segundo orden con el héroe desangrando en busca de un hospital no muy tercermundista.

Tengo un corazón decente y he sentido la muerte de este famoso matador como si fuera uno de su cuadrilla. Me ha conmovido la miseria típicamente española que la ha rodeado. Aunque no hay que olvidar una cosa. Lo que le ha pasado le sucede al toro todas las tardes, pero el hombre frente a la naturaleza se comporta con un corporativismo espeluznante, y cuando el desenlace de la fiesta cae del revés entonces monta un número de confraternidad de la especie que pone carne de gallina.

El asunto no ha terminado. Ahora llegarán las revistas del corazón hurgando[3] los sentimientos, y una subliteratura acompañará las imágenes del muslo taladrado[4] del torero, y algunos harán truculentos negocios con el dolor. Y otra vez esta España de granito y encinas, que nunca da clemencia y ni la pide, se lamerá la herida con un pasodoble. De momento yo me voy a Andorra.

martes, 2 de octubre

Francisco Rivera, *Paquirri*.

---

[1] **asta** cuerno del toro
[2] **cochambre** suciedad, algo que tiene mal olor
[3] **hurgando** incitando, conmoviendo
[4] **taladrado** perforado

J **Para pensar** Comente.

1. Según el autor, ¿qué es lo que causó la muerte del torero?

_____

_____

2. ¿Cuál es la impresión que nos da el autor de la enfermería adonde llevaron al torero?

_____

_____

3. ¿Cómo es la carretera por donde pasaba la ambulancia?

_____

_____

4. Explique la frase: «...en busca de un hospital no muy tercermundista».

_____

_____

5. El autor dice que él ha sentido la muerte de *Paquirri* como si fuera uno de su cuadrilla. Comente.

_____

_____

6. ¿Qué querrá decir «Lo que le ha pasado le sucede al toro todas las tardes...»?

_____

_____

7. Explique a lo que se refiere el autor en el último párrafo.

_____

_____

CAPÍTULO **7**

La salud y el bienestar

CULTURA

Estadísticas sobre la salud

Vocabulario

A. En el hospital Describa el dibujo.

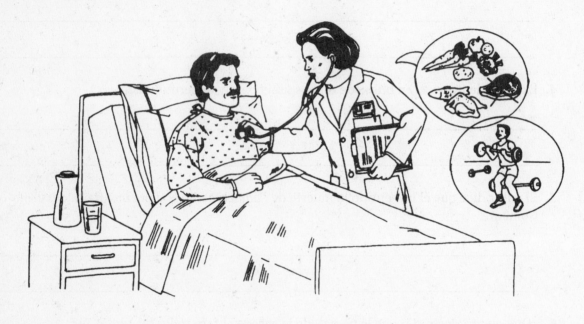

_____

_____

_____

_____

_____

_____

B **Algunos datos** Conteste.

1. ¿Cuántas repúblicas hay en la América Latina?

_____

2. ¿En qué se diferencian ellas?

_____

3. ¿Qué influye en los servicios médicos disponibles para sus ciudadanos?

_____

4. ¿Dónde hay hospitales con equipo médico muy avanzado?

_____

5. ¿Qué existe en las zonas rurales y remotas?

_____

C **Frases originales** Escriba una frase con cada palabra.

1. el dentista

_____

2. el médico

_____

3. el enfermero

_____

4. el hospital

_____

5. diario

_____

6. los alimentos

_____

7. inscribir

_____

Comprensión

D. Algunos datos Dé algunos datos médicos sobre los siguientes países.

1. la Argentina

_____

_____

_____

_____

2. Cuba

_____

_____

_____

3. México

_____

_____

_____

4. Honduras

_____

_____

_____

5. la República Dominicana

_____

_____

_____

CONVERSACÍON Y LENGUAJE

La salud

A. En el consultorio   Escriba una conversación entre el/la paciente y el/la médico(a) en su consultorio.

_____

_____

_____

_____

_____

_____

_____

_____

_____

_____

B. En el hospital   Describa una estadía en el hospital.

_____

_____

_____

_____

_____

_____

_____

_____

_____

_____

C **¿Qué vas a hacer?** Compléte con lo que Ud. va a hacer.

1. Tengo un hambre que me mata.

_____

2. Estoy rendido, absolutamente molido.

_____

3. Anoche no dormí bien. Pasé la noche dando vueltas en la cama. No pude conciliar el sueño.

_____

D **¿Por qué?** Explique por qué.

1. Estoy triste porque _____

_____

2. Estoy deprimido(a) porque _____

_____

3. Estoy contento(a) porque _____

_____

4. Estoy nervioso(a) porque _____

_____

5. Él me enfadó porque _____

_____

6. Él me dio rabia porque _____

_____

Repaso de estructura

Formas irregulares del comparativo y del superlativo

A En la clase de español Conteste.

1. ¿Quién recibe la nota más alta?

_____

2. ¿Quién tiene el pelo más rubio?

_____

3. ¿Quién es el/la más alto(a)?

_____

4. ¿Quién tiene los ojos más azules?

_____

5. ¿Quién tiene los ojos más castaños?

_____

6. ¿Quién recibe una nota más alta que tú?

_____

7. ¿Quién es más alto(a) que tú?

_____

8. ¿Quién es mayor que tú?

_____

9. ¿Quién es menor que tú?

_____

10. ¿Quién canta mejor que tú?

_____

11. ¿Quién canta peor que tú?

_____

12. ¿Quién habla más que el/la profesor(a)?

_____

Comparativo de igualdad

B **Sanlúcar y San Bernardo**   Forme una sola oración usando el comparativo.

1. Sanlúcar de la Frontera tiene 2.000 habitantes. San Bernardo tiene 2.000 habitantes.

   _____

2. Sanlúcar es pequeño. San Bernardo es pequeño.

   _____

3. La plaza de Sanlúcar es bonita. La plaza de San Bernardo es bonita.

   _____

4. Hay muchas fuentes en Sanlúcar. Hay muchas fuentes en San Bernardo.

   _____

5. Sanlúcar está lejos de la capital. San Bernardo está a igual distancia de la capital.

   _____

6. El pueblo de Sanlúcar es pintoresco. El pueblo de San Bernardo es pintoresco.

   _____

Formas regulares de los verbos reflexivos

C **¿Qué hace Ud.?**   Complete con un verbo reflexivo.

1. Antes de comer yo _____ .

2. Después de comer yo _____ .

3. Antes de acostarme yo _____ .

4. Después de acostarme yo _____ .

5. Antes de levantarme yo _____ .

6. Después de levantarme yo _____ .

7. Antes de salir para la escuela yo _____ .

D. **¿Qué pasa?** Describa lo que está pasando en cada dibujo.

1. Aurora _____

_____

_____

2. Iván _____

_____

_____

3. Yo _____

_____

_____

4. Los muchachos _____

_____

_____

5. Nosotros _____

_____

_____

6. Tú _____

_____

_____

E **¿Y los demás?**   Complete.

1. Yo me duermo en seguida pero él no _____ en seguida.

2. Ellos se sienten bien pero yo no _____ bien.

3. Nosotros nos vestimos elegantemente pero ellos nunca _____
   elegantemente.

4. Él se despierta a las siete pero yo _____ a las seis y media.

5. Nosotros nos divertimos siempre pero Uds. no _____ casi nunca.

6. Ellos siempre se sientan en la terraza pero nosotros _____ en el patio.

F **El bebé**   Complete con el pronombre reflexivo cuando sea necesario.

1. ¿A qué hora _____ acuestas al bebé?

2. Lo _____ acuesto a las ocho.

3. Y el ángel _____ duerme en seguida.

4. ¿Y a qué hora _____ despiertas al bebé?

5. Me haces reír. No lo _____ despierto nunca.

6. Él _____ despierta a sí mismo.

7. Es una criatura adorable. Él _____ divierte mucho.

Sentido recíproco

G **Una descripción**   Escriba una frase para describir cada dibujo. Use *se* en cada frase.

1. Ellas _____

   _____

   _____

2. Los dos _____

   _____

   _____

3. Iván y María _____

   _____

   _____

PERIODISMO

SALUD ESTUDIANTIL: *Libreta Salud estudiantil y no se fumará en colegios*

Vocabulario

A ¿Qué es? Identifique.

1. _____ 2. _____

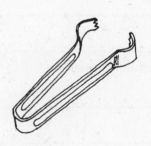  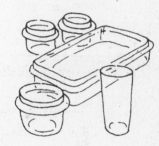

3. _____ 4. _____ 5. _____

B **Nuestra cafetería** Describa la cafetería de su escuela.

_____

_____

_____

_____

_____

_____

_____

_____

Comprensión

∫ *Libreta Salud estudiantil* Lea de nuevo el artículo en su libro de texto. Busque cómo se expresa lo siguiente.

1. El Departamento de Instrucción Pública tratará de mejorar la calidad de vida de muchos escolares de los diferentes centros docentes del país.

_____

_____

_____

_____

2. El segundo acuerdo tiene que ver con la prohibición de fumar cigarrillos y de tomar alcohol en las escuelas de todos los niveles educacionales del país, dentro y fuera de la sala de clase.

_____

_____

_____

_____

3. No se permite la distribución ni venta de cigarrillos en los establecimientos.

_____

_____

_____

_____

D **Expresiones equivalentes** Busque en el artículo una expresión equivalente en español.

1. processed foods _____

2. expiration date _____

3. clean containers _____

4. safety cap _____

5. disposable containers _____

LA DIETA: *Dieta: Buenos consejos*

Vocabulario

A. **Un repaso**   Escriba los nombres de los alimentos que ya ha aprendido según su categoría.

1. carnes

_____

_____

2. pescados y mariscos

_____

_____

3. aves

_____

_____

4. legumbres y verduras

_____

_____

5. frutas

_____

_____

6. especias

_____

_____

7. otros

_____

_____

Comprensión

B **Una dieta**   Prepare una dieta que Ud. podría seguir sin problema.

_____

_____

_____

_____

_____

_____

_____

C **Gustos personales**   Prepare una lista de los alimentos que para Ud. sería difícil suprimir (no comer). Explique por qué.

_____

_____

_____

_____

_____

_____

_____

LA CONTAMINACIÓN POR EL RUIDO: *Cómo protegernos ...de la contaminación por el ¡Ruido!*

Vocabulario

A Un repaso Conteste.

1. El señor ha sufrido una pérdida parcial de oído. ¿Qué necesita?

   _____

2. ¿Cuál es la diferencia entre un sonido y un ruido?

   _____

3. ¿Cuáles son algunas cosas que producen ruidos desagradables?

   _____

4. ¿Qué no puede hacer una persona que es sorda?

   _____

5. ¿Para qué se usa un tapón para los oídos?

   _____

Comprensión

B Problemas del oído Muchos médicos constan que los jóvenes de hoy van a sufrir de problemas del oído en el futuro. ¿De qué tipo de problemas hablan? ¿Por qué dicen eso? ¿Está Ud. de acuerdo o no? ¿Toma Ud. precauciones para evitar tal posibilidad? ¿Cuáles?

_____

_____

_____

_____

_____

_____

_____

ESTRUCTURA

Los pronombres relativos

A. **Una conversación interesante**   Complete con el pronombre apropiado.

— El libro _____ me diste es muy interesante. Pero no el libro
                     1

_____ estoy leyendo ahora. _____ estoy leyendo
          2   3

ahora es de Vargas Llosa, un autor contemporáneo peruano. _____
                                                                           4

tú me diste es de Borges, el autor argentino.

— ¿No es Borges el conocido autor argentino _____ murió en 1986?
                                                        5

— Sí. Es el autor de _____ nos hablaba Carmen el otro día, ¿no?
                              6

— No me acuerdo.

— ¿No te acuerdas _____ ella nos hablaba de un autor argentino
                          7

_____ vivía en París?
          8

— Ah, no. No era de Borges _____ nos hablaba. Hablaba de Cortázar. Yo sé
                                     9

_____ él vivía en París y si no me equivoco Borges también vivió una
        10

temporada en París.

— Pues, ¡qué curioso! Yo acabo de leer en la biografía de Vargas Llosa _____
                                                                                     11

él ha vivido durante algunos años en París. _____ me sorprende es que
                                                        12

hay tantos autores contemporáneos de Latinoamérica _____ viven o
                                                                      13

_____ han vivido en París.
        14

— Pues, tú me dijiste antes _____ estabas leyendo una novela de
                                     15

Vargas Llosa. ¿Cuál estás leyendo?

— _____ estoy leyendo ahora es *La tía Julia y el escribidor.* ¿La has leído?
          16

— No, la única novela _____ he leído es *La guerra del fin del mundo.*
                              17

_____ tengo muchas ganas de leer es *Conversación en la catedral.*
        18

Por y para

B. *¿Por o para?* Complete con *por* o *para*.

1. Ellos salen hoy _____ Medellín.

2. Yo no pude ir, así que Carlota fue _____ mí.

3. Ellos querían dar un paseo _____ el Retiro.

4. Yo compré los regalos _____ Luisa pero son _____ Teresa.

5. Los niños corrieron _____ todas partes.

6. Estoy aquí _____ estudiar, no _____ divertirme.

7. _____ cubano, habla muy bien el inglés.

8. ¿Me puede decir cuándo sale el tren _____ Córdoba?

9. Si él no lo puede hacer, ¿lo puedes hacer _____ él?

10. Ellos estuvieron en las montañas _____ dos semanas, o sea, quince días.

11. _____ inglés, Keith habla muy bien el español.

12. Él me dio ciento cincuenta pesetas _____ un dólar.

13. _____ despacio que hable es imposible entenderlo.

14. _____ un joven, viaja mucho.

15. Esta bolsa es _____ mi madre.

16. No tengo mucha confianza en el correo ordinario. ¿Por qué no lo mandamos

    _____ correo aéreo?

17. El héroe luchó y murió _____ su patria.

18. Ellos tienen que terminar el trabajo _____ la semana que viene.

19. Ellos estarán aquí _____ Navidad o Año Nuevo.

20. _____ el día veinte y cinco tienen que estar en Almería.

C **¿*Por* o *para*?**   Escriba de nuevo con *por* o *para*.

1. Papá no podía asistir, así que yo fui *en lugar de él*.

   _____

2. Los chicos están corriendo *en* la calle.

   _____

3. Voy a la tienda *en busca de* frutas y legumbres.

   _____

4. Mis padres lo pagaron *en vez de* mí.

   _____

5. Subimos al tren *con destino a* Balboa.

   _____

6. *A pesar de que es* rico, no es generoso.

   _____

7. La ciudad fue destruida *a causa de* la guerra.

   _____

8. Me gusta mucho viajar *en* el Perú. Es un país muy interesante.

   _____

9. Estaremos en Barcelona *durante* siete días.

   _____

10. Éste es el avión *con destino a* Santiago.

   _____

LITERATURA

UN DÍA DE ÉSTOS

Vocabulario

A **¿Qué es?** Identifique.

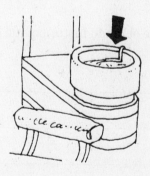

1. _____ 2. _____ 3. _____

4. _____ 5. _____ 6. _____

7. _____ 8. _____

Comprensión

B Gabriel García Márquez Dé la siguiente información sobre el autor.

1. lugar de nacimiento

_____

2. fecha de nacimiento

_____

3. estudios

_____

4. profesiones

_____

5. obra

_____

6. premios literarios

_____

C El fondo histórico Explique el fondo histórico que hay que conocer para comprender este cuento de García Márquez.

_____

_____

_____

D Una consulta Describa la visita del alcalde con el dentista.

_____

_____

_____

_____

LA TÍA JULIA Y EL ESCRIBIDOR

Vocabulario

A **¿Qué pasa?** Describa lo que está pasando en cada dibujo.

1. _____
   _____
   _____

2. _____
   _____
   _____

3. _____
   _____
   _____

4. _____
   _____
   _____

5. _____

_____

_____

6. _____

_____

_____

B **¿Qué es?** Identifique.

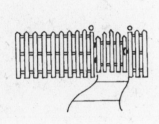

1. _____

2. _____

3. _____

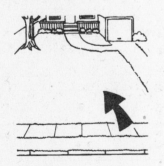

4. _____

5. _____

6. _____

C **Sinónimos** Exprese de otra manera.

1. Es un buen *médico.*

   _____

2. *El que no tiene vista* no puede ver.

   _____

3. Él va a *cortar* los árboles.

   _____

4. Es una tarea *de todos los días.*

   _____

5. Le duele *el estómago.*

   _____

6. Es un señor *guapo y elegante.*

   _____

7. Es *delgado.*

   _____

Comprensión

D **Mario Vargas Llosa** Dé los siguientes informes sobre el autor.

1. lugar de nacimiento

   _____

2. fecha de nacimiento

   _____

3. educación

   _____

   _____

4. premios

   _____

E *La tía Julia y el escribidor*   Escriba un resumen del trozo de la novela *La tía Julia y el escribidor.*

_____

_____

_____

_____

_____

_____

_____

_____

_____

_____

_____

UN POCO MÁS

A. **Un anuncio** Lea el siguiente anuncio.

Hidroterapia, Sauna, Turco, Piscina, Hidromasaje, Polar, Gimnasio, Masajes, Aeróbicos, Tae Kwon Do, Cursos Antiestrés.

OASIS

**Salud, bienestar y buen servicio
Estrictas medidas higiénicas
Control técnico permanente
Servicio de bar
Música selecta**

Ulloa 3315 y Rumipamba
Cerca al Colegio Borja Nº 3
459473 - 459478
(315963)

B. **Servicios ofrecidos** Dé en inglés una lista de los servicios ofrecidos por Oasis.

_____

_____

_____

_____

_____

_____

Ç **Las ciclistas ecuatorianas** Lea el siguiente artículo que apareció en el periódico *El Comercio* de Quito.

Grata experiencia

Para las ciclistas ecuatorianas el panamericano del pedal ha sido un grato acontecimiento y un difícil reto. Pudieron haber llegado un poco más lejos en este torneo pero la corta preparación impidió ese anhelo.

Las pedalistas ecuatorianas compitieron en desventaja con relación a sus colegas de Estados Unidos, Cuba, México y Colombia.

Es que en el país recién se ha instaurado la práctica femenina en el ciclismo. Los Juegos Nacionales de Ambato fueron el abreboca para las competencias oficiales.

La guapa Katuska Largacha, nueva marca nacional en la velocidad con 13.454 (200 metros), dice que hay poca motivación a las ciclistas damas.

No obstante, Katuska piensa que dentro de poco Ecuador adquirirá nombre en el concierto internacional en pruebas de pista y ruta porque en el país hay numerosas practicantes al deporte del caballito de acero.

El equipo ecuatoriano presentó a cuatro deportistas en ruta y a dos en pista: Verónica Mosquera, Ketty Loja, Mayra Ríos y Patricia Llerena; en pista, en cambio, están en plena competencia Alexandra Erazo y Katuska Largacha.

La pedalista guayaquileña se preparó apenas tres semanas para el certamen continental. Sin embargo, se muestra satisfecha porque se entregó a fondo.

¿Siempre fue ciclista?

No. Me inicié en la natación a la edad de siete años, luego practiqué gimnasia olímpica, volibol y atletismo, en este deporte logré un campeonato nacional.

Entonces, ¿por qué se hizo ciclista?

Fue un asunto de novelería. Fue en la época de las bicicletas de montaña. Decidí practicar el ciclismo porque algo tiene que ver con el motocross, la velocidad pero con menos peligro.

Me empezó a gustar y los dirigentes de Guayas me dijeron que podía competir en pista. Así fue e impuse una marca nacional en la velocidad en el velódromo del estadio Modelo con un tiempo de 13.620 y a esta marca la batí el martes último aquí.

Después del ciclismo, ¿qué?

Bueno hasta hace poco estudié publicidad. Soy egresada y pienso graduarme dentro de poco. Me gusta esa profesión y también el periodismo.

¿Cómo le ha ido en este panamericano?

Bastante bien. Una linda experiencia y creo que a partir de este torneo se debe impulsar más a la actividad ciclística femenina.

Los dirigentes del ciclismo deben mirar más hacia las damas con campeonatos locales, regionales y hasta internacionales.

D Preguntas Conteste en inglés según el artículo.

1. Why are the female Ecuadorean cyclists at a disadvantage?

_____

_____

2. Why is Katuska optimistic?

_____

_____

3. Which sports did Katuska start with?

_____

_____

4. Why did she become a cyclist?

_____

_____

E Los detalles Complete según el artículo.

1. La distancia que la Srta. Largacha puede cubrir en 13.454 segundos es de

_____ metros.

2. La otra joven que compite en pista con Largarcha es la Srta. _____ .

3. El primer deporte al que se dedicó Largacha fue la _____ .

4. Las dos profesiones que le interesan a la joven son la publicidad y el

_____ .

F ¿Cómo se dice? Busque las siguientes palabras en el artículo.

1. a cyclist _____

2. a woman from Guayaquil _____

3. world record _____

4. directors of cycling _____

5. official games _____

G. Los consejos   Lea el siguiente artículo.

COMIDAS RAPIDAS

Desayuno bien. Almuerzo una hamburguesa sin nada, y una ensalada en vez de papas fritas, y por la noche ceno pescado asado y una papa. Perfecto, ¿verdad? Pues no bajo ni un kilo. Sospecho que la verdadera brecha por donde está colándosele el peso es la comida rápida que, según me cuenta, hace al mediodía. Por eso le recomiendo que, cuando pida una hamburguesa, prefiera de las que han sido preparadas a la llama, y no le añada nada absolutamente, o un poco de mostaza. Lo mismo con respecto a la ensalada. Es posible que, sin darse cuenta, al adobar la ensalada con alguno de esos envidiables sabores, esté ingiriendo buena cantidad de grasa. Acostúmbrese a comer la ensalada al natural, o si no, échele sólo aceite y un poco de limón... espero que me cuente los resultados.

H. Preguntas   Conteste en inglés según el artículo.

1. Why does the dietician think the young man or woman is still not losing any weight?

_____

_____

2. What should he or she do? What is the advice of the dietician?

_____

_____

_____

CAPÍTULO **8**

Raíces

CULTURA
La herencia etnocultural de los hispanos

Vocabulario

A. **¿Cuál es la palabra?**   Dé la palabra cuya definición sigue.

1. los familiares de generaciones anteriores _____

2. la motivación, el deseo y estímulo para hacer algo _____

3. lo contrario de «empobrecerse» _____

4. el este _____

5. el oeste _____

6. la combinación de dos o más _____

7. adherentes del culto de Islam _____

8. una persona que no tiene la libertad, que trabaja para otro _____

B. **¿Cuál es la palabra?**   Complete.

1. Hay que hacer más _____ para salir bien. Es necesario ser un poco más

    ambicioso.

2. El gobierno tiene que establecer y seguir una _____ económica y social.

3. Los ciudadanos tienen que agruparse (unirse) y demandar con una sola

    _____.

4. Hay que castigar de una manera severa a los _____ en drogas.

5. El _____ o abuso de los niños es un problema social serio.

6. Él tiene un buen _____ de la historia de Roma y Grecia. La

    _____ le interesa mucho.

C. Palabras relacionadas   Paree.

1. _____ conocer   **a.** el esfuerzo

2. _____ ascender   **b.** el maltrato

3. _____ mezclar   **c.** el conocimiento

4. _____ esforzar   **d.** el enriquecimiento

5. _____ expulsar   **e.** la ascendencia

6. _____ maltratar   **f.** occidental

7. _____ el occidente **g.** la mezcla

8. _____ enriquecer   **h.** la expulsión

Comprensión

D. La herencia etnocultural hispana   Describa en una o dos frases.

1. los árabes en España

_____

2. 1492

_____

3. Fernando e Isabel

_____

4. Maimónides

_____

5. los indígenas

_____

6. los mestizos

_____

7. Fray Bartolomé de las Casas

_____

8. los traficantes en esclavos

_____

9. los mulatos

_____

CONVERSACÍON

Las lenguas indígenas

Vocabulario

A **¿Cuál es la palabra?** Complete con una palabra apropiada.

1. En las zonas remotas tienen que enseñarles a leer y a escribir a los adultos. Los tienen que

   _____.

2. Los indígenas de las zonas remotas del altiplano no viven en residencias lujosas. Tienen

   _____.

3. Es necesario entrenar a los que van a trabajar con el Cuerpo de Paz. Su

   _____ es muy importante.

4. El _____ es el que trata de dominar o subyugar a un grupo.

5. Ellos tienen que aceptar el poder del gobierno, es decir que lo tienen que

   _____.

6. Hoy en día hay un gran resurgimiento de interés en los grupos _____,

   o sea, en las culturas indígenas.

B **(No) me interesaría.** ¿Le interesaría pasar uno o dos años trabajando como voluntario con el Cuerpo de Paz? Explique por qué o por qué no.

_____

_____

_____

_____

_____

C **¿Qué país?** Si a Ud. le gustaría trabajar con el Cuerpo de Paz, ¿en qué país quisiera trabajar? ¿Por qué?

_____

_____

_____

_____

Lenguaje

A. **¿Qué significa?** Explique en español el significado de lo siguiente.

1. No poner en primer término el «yo» y los propios problemas o cuestiones que sólo a nosotros pueden interesar.

_____

_____

_____

_____

2. Hay que decir lo que se piensa, pero se debe pensar en lo que se dice.

_____

_____

_____

_____

B. **¿Cómo se puede?** El que habla debe dar la sensación de que quien escucha es un personaje importante para él. ¿Cómo puede uno dar esta sensación? Explique.

_____

_____

_____

_____

_____

_____

_____

REPASO DE ESTRUCTURA

Los tiempos progresivos

A. **Preguntas personales**   Conteste.

   1. En este momento, ¿qué estás haciendo?

   _____

   _____

   2. ¿Y qué están haciendo los otros miembros de tu familia?

   _____

   3. Ayer a la misma hora, ¿qué estabas haciendo?

   _____

   4. ¿Qué estaba haciendo tu amigo(a)?

   _____

B. **Un vuelo**   Escriba cada oración en el presente progresivo.

   1. El agente habla con uno de los pasajeros.

   _____

   2. Le dice de qué puerta va a salir su vuelo.

   _____

   3. Otro pasajero factura su equipaje.

   _____

   4. Yo hago cola y espero.

   _____

   5. El asistente de vuelo lee los reglamentos de seguridad.

   _____

   6. Un pasajero le pide algo a la asistenta de vuelo.

   _____

   7. Ella le trae un periódico.

   _____

8. Los asistentes de vuelo sirven la comida.

_____

9. Nosotros, los pasajeros, comemos.

_____

10. Un asistente de vuelo distribuye los audífonos.

_____

11. Yo veo la película.

_____

12. Mi mujer escucha la música estereofónica.

_____

Adverbios en -mente

C. **Preguntas personales**   Conteste según se indica.

1. ¿Cómo habla el profesor para que todos comprendan? (claro)

_____

2. ¿Cómo anda el viejecito? (cuidadoso/lento)

_____

3. ¿Cómo desapareció la señora? (misterioso)

_____

4. ¿Cómo se lo dice el señor? (discreto)

_____

5. ¿Cómo se portó la niña? (horrible)

_____

PERIODISMO

LOS MAYAS: ¿Qué pasó realmente con la civilización maya?

Vocabulario

A. **El mismo mensaje**   Paree.

1. _____ Es una cultura que tiene su auge en el siglo V d. de C.

2. _____ Era un rey muy cruel.

3. _____ Él tiene la costumbre de dar énfasis a los puntos más importantes.

4. _____ Yo le dije que me lo señalara.

5. _____ Es una labor que cansa.

6. _____ Hay que tener un gol.

a. Hay que tener una meta.

b. Era un soberano tiránico.

c. Yo le pedí que me lo indicara.

d. Es una tarea que lo pone cansado.

e. Es una cultura cuyo apogeo fue en el siglo V d. de C.

f. Él suele enfatizar lo importante.

Comprensión

B. **Descifrando un enigma**   Explique lo que es el enigma, de qué enigma se trata el artículo.

_____

_____

_____

_____

_____

_____

C. **Cosas interesantes**   ¿Cuáles son los puntos más interesantes que Ud. aprendió al leer este artículo sobre los mayas?

_____

_____

_____

_____

_____

_____

UNAS CARTAS

D. Opiniones   Escriba un párrafo sobre la importancia de la alfabetización. Indique cómo Ud. cree que sería su vida si no supiera ni leer ni escribir.

_____

_____

_____

_____

_____

_____

_____

_____

_____

_____

LOS JUDÍOS EN EL CARIBE: *Los judíos españoles y portugueses en la zona del Caribe*

Vocabulario

A. Frases originales   Escriba una frase con cada palabra.

1. la sinagoga

_____

2. el rabino

_____

3. los judíos

_____

4. perseguir

_____

Comprensión

B. **Datos**   Busque la siguiente información en el artículo en su libro de texto.

1. año en que los judíos fueron expulsados de España _____

2. número de judíos que salieron de España _____

3. país adonde fue la mayoría de ellos _____

4. quiénes eran los «Nuevos Cristianos» _____

5. otro nombre que se les daba a los «Nuevos Cristianos»

_____

6. ciudades donde algunos «Nuevos Cristianos» encontraron refugio

_____

7. el sentido en que fueron pioneros los primeros judíos que llegaron al Caribe

_____

8. los rabinos en el Caribe _____

_____

9. el rol de los judíos durante las guerras de independencia _____

_____

ESTRUCTURA

La voz pasiva

A. Titulares Escriba los siguientes titulares en la voz activa.

1. Tropas estadounidenses enviadas a Bolivia

_____

2. Guerra contra las drogas declarada por EE.UU.

_____

3. *Presidente argentino (fue) recibido por el presidente filipino en Manila*

_____

_____

4. **Niño de cinco años atropellado por automóvil**

_____

5. *Diez monjas carmelitas (fueron) liberadas ayer por secuestradores en Filipinas*

_____

6. Nueva ley de inmigrantes aprobada en Francia

_____

7. *Uruguayo entregado por extradición a Dinamarca por un robo*

_____

8. *Camión arrollado por un tren—120 heridos*

_____

La voz pasiva con se

B **Arroz y habichuelas** Escriba la receta cambiando el imperativo en *se.*

1. Abra Ud. una lata de habichuelas negras.

   _____

2. Ponga las habichuelas en una cacerola.

   _____

3. Eche una cucharadita de vinagre en la cacerola.

   _____

4. Cocine a fuego lento.

   _____

5. Aparte, llene una cacerola de agua; hierva el agua.

   _____

6. Ponga una taza de arroz en el agua hirviente.

   _____

7. Lleve el agua a la ebullición una vez más.

   _____

8. Agregue sal y pimienta.

   _____

9. Cueza a fuego lento hasta que el arroz esté listo.

   _____

10. Sirva el arroz con las habichuelas.

    _____

11. Taje o corte en pedazos una cebolla.

    _____

12. Ponga las cebollas tajadas encima del arroz y habichuelas y sirva.

    _____

Verbos que terminan en -uir

C. **Yo** Escriba las frases en el presente cambiando *nosotros* en *yo*.

1. Contribuimos mucho dinero.

_____

2. No destruimos nada.

_____

3. Distribuimos las mercancías.

_____

4. Incluimos los impuestos en el precio.

_____

D. **Él** Escriba las frases en el pretérito cambiando *nosotros* en *él*.

1. Contribuimos mucho dinero.

_____

2. No destruimos nada.

_____

3. Distribuimos las mercancías.

_____

4. Incluimos los impuestos en el precio.

_____

E **Una «i griega» importante** Complete.

1. Yo me caí y él _____ también.

2. Ellos lo leyeron y yo lo _____ también.

3. Uds. lo destruyeron y nosotros lo _____ también.

4. Él lo oyó y yo lo _____ también.

La forma exhortativa con nosotros

F **¡Vamos!** Escriba las frases según el modelo.
Vamos a acostarnos.
¡Buena idea! ¡Acostémonos!

1. Vamos a jugar.

_____

2. Vamos a preparar una merienda.

_____

3. Vamos a salir.

_____

4. Vamos a ir a la playa.

_____

5. Vamos a sentarnos en la arena.

_____

6. Vamos a levantarnos.

_____

7. Vamos a nadar.

_____

LITERATURA

COSTUMBRES QUICHÉS

Vocabulario

A **Antónimos**   Dé la palabra que significa lo contrario.

1. el descendiente _____

2. guardar, ahorrar _____

3. laico(a), profano(a) _____

4. natural, sin artificio _____

5. curar _____

6. la siembra _____

Comprensión

B **El Popol Vuh**   Explique lo que es el *Popol Vuh* y por qué es importante.

_____

_____

_____

C **La naturaleza**   Dé un resumen de lo que dice Rigoberta Menchú en este fragmento y diga cuál es el mensaje que Ud. lleva de esta lectura.

_____

_____

_____

_____

_____

_____

_____

BÚCATE PLATA

A. **Nicolás Guillén**   Dé algunos datos sobre la vida de Nicolás Guillén.

_____

_____

_____

_____

_____

_____

_____

B. **Una letra suprimida**   Mire la lista de varias palabras que se encuentran en el poema «Búcate plata». ¿Cuál es un sonido que se aspira o que se suprime frecuentemente en el habla antillana, es decir, en la República Dominicana, Cuba y Puerto Rico?

búcate   má   etoy   etá   depué

_____

C. **¿Cómo se escribe?**   Escriba las siguientes palabras como Ud. las ha aprendido.

1. búcate _____

2. má _____

3. etoy _____

4. na má _____

5. etá _____

6. tó _____

7. reló _____

8. despué _____

EL PRENDIMIENTO DE ANTOÑITO EL CAMBORIO EN EL CAMINO DE SEVILLA

A **Preguntas** Conteste.

1. ¿Quién escribió «El prendimiento de Antoñito el Camborio en el camino de Sevilla»?

   _____

2. ¿Qué tipo de poema es «El prendimiento de Antoñitio el Camborio en el camino de Sevilla»?

   _____

3. ¿De dónde era el poeta?

   _____

4. ¿De qué raza o grupo étnico es Antoñito?

   _____

5. ¿Cuál es la diferencia entre los gitanos de España y los de los otros países de Europa?

   _____

6. ¿Cuál es el idioma de los gitanos españoles?

   _____

7. ¿De qué han sufrido los gitanos?

   _____

8. ¿De qué les suelen acusar?

   _____

9. ¿De qué tienen fama los gitanos españoles?

   _____

   _____

10. ¿Qué es la Guardia civil española?

    _____

B **Notas biográficas**   Dé la siguiente información sobre la vida de Federico García Lorca.

1. nacimiento

_____

_____

2. muerte

_____

_____

3. datos personales

_____

_____

4. obra literaria

_____

_____

C **Análisis**   Después de haber leído el romance «El prendimiento de Antoñito el Camborio en el camino de Sevilla», dé su opinión.

¿Dónde residen las simpatías del autor? ¿Residen con el gitano o con los guardias civiles? Explique por qué y defienda sus opiniones con ejemplos.

_____

_____

_____

_____

_____

¡QUIÉN SABE!

A. Notas biográficas   Dé la siguiente información sobre la vida de José Santos Chocano.

1. nacimiento

_____

_____

2. muerte

_____

_____

3. datos personales

_____

_____

4. obra literaria

_____

_____

B. ¿Qué significa?   En las venas de José Santos Chocano corría sangre india y española. Una de sus abuelas descendía de un gran capitán español y la otra de una familia inca. Una persona de sangre india y blanca es un mestizo. En un diccionario español, busque el significado de los siguientes términos.

1. el criollo

_____

2. el mulato

_____

3. el euroasiático

_____

C **Sus poesías** En sus poemas «*Blasón*» y «*Avatar*» Santos Chocano habla de su mestizaje. Lea los siguientes trozos de estos poemas en los cuales el poeta se refiere a su mestizaje.

Blasón

La sangre española e incaica es el latido;
y de no ser Poeta, ¡quizás yo hubiese sido
un blanco Aventurero o un indio Emperador!

Avatar

Cuatro veces he nacido, cuatro veces he encarnado;
soy de América dos veces y dos veces español.
Si poeta soy ahora, fui Virrey en el pasado,
Capitán por las conquistas y Monarca por el Sol.

D **La herencia** Indique si Santos Chocano se refiere a su herencia india o española.

1. Yo hubiese sido Aventurero. _____

2. Yo hubiese sido Emperador. _____

3. Soy de América. _____

4. Fui Virrey. _____

5. Fui Capitán por las conquistas. _____

6. Fui Monarca por el Sol. _____

E **Adivinanzas** ¿Cuál es el significado de «Monarca por el Sol»?

_____

_____

_____

_____

_____

UN POCO MÁS

A. Los negros en la América Latina Lea.

En 1502 llegaron los primeros esclavos a La Española, isla que hoy está dividida entre Haití y la República Dominicana. Vinieron los esclavos negros para sustituir a los indios que no podían resistir los trabajos forzados en las minas. Los trajeron los españoles, los ingleses y los holandeses que traficaban en carne humana.

Hoy día hay muchos negros y mulatos, personas de sangre blanca y negra, en las Antillas, en el norte de la América del Sur, en el Brasil, en varias regiones de la costa occidental del continente sudamericano, en Panamá y en la costa del Caribe de los países centroamericanos. A través de los siglos ha habido mucha transculturación entre la población negra y criolla de estas regiones. No obstante la herencia africana se nota sobre todo en la comida, el folklore, los bailes, la música y las costumbres.

La literatura afroamericana es esencialmente poesía social, una poesía de contrastes y asimilaciones de culturas: la blanca, la negra y la mulata. Algunos temas de esta poesía son el drama de la esclavitud, el conflicto de sangres en el mulato y la descripción de danzas, instrumentos musicales, cantos populares y ceremonias religiosas.

B. Preguntas Conteste según la información en la Práctica A.

1. ¿En qué año y adónde llegaron los primeros esclavos a este continente?

_____

2. ¿Para qué vinieron los esclavos negros?

_____

3. ¿Quiénes los trajeron?

_____

4. ¿Qué son mulatos? ¿Dónde en la América Latina hay muchos negros y mulatos hoy?

_____

_____

5. ¿En qué se nota la herencia africana en estas regiones?

_____

6. ¿En qué consiste la mayor parte de la literatura afroamericana?

_____

7. ¿Cuáles son algunos temas que aparecen en la poesía afroamericana?

_____

_____

C La vida diaria de los indígenas bolivianos   Lea.

UNICEF y el gobierno boliviano han llevado a cabo una serie de estudios sobre los problemas socioeconómicos de las comunidades rurales del país, comunidades mayoritariamente indígenas. Un grupo de investigadores, después de un largo e intenso estudio de varias comunidades, publicó *Para comprender las culturas rurales en Bolivia.* En este libro se miran de cerca aspectos tales como la economía, la organización social y la religión y cosmovisión de las comunidades rurales. La selección que sigue es de la sección del libro que trata de la sobrevivencia diaria. Lleva el título de *Muerte.*

Actitud ante la muerte

El hecho mismo de la muerte no es una realidad deseada, pero sí aceptada como algo natural, no traumante. A diferencia de lo que ocurre en las sociedades occidentales, no se tiene pánico ante la idea de morir, se acepta como un cambio en el camino por el mundo. La muerte no es un fin sino el principio de un nuevo estado. Dentro de esta serenidad está la seguridad de que habrá mecanismos para que, con la ayuda de los comuneros, la situación en el mundo de los muertos sea tranquila para el que se va y hasta beneficiosa para los que sigan viviendo aquí.

Cuando se considera que ha llegado el momento, todos—enfermo incluído—lo aceptan y se disponen para el evento. Entonces existe una honda inquietud si la agonía del enfermo se prolonga; el miedo a una larga agonía esconde la creencia de que hay que acelerar la partida del alma para que no sufra demasiado, apresada en un cuerpo moribundo.

Llegada la muerte hay muchas expresiones de dolor, sobre todo de parte de las mujeres. Empieza enseguida una febril actividad para el velorio y entierro que, si se trata de un muerto adulto, suele ser una celebración de carácter casi comunal. El velorio y el entierro combinan el dolor, particularmente de las mujeres, con diversos juegos y bromas, particularmente de los hombres, en que se subraya la reafirmación de la vida y también referencias al futuro del difunto.

Actualmente el entierro suele realizarse en el cementerio de la comunidad o en algún lugar más céntrico. Pero hay todavía lugares en que los muertos son enterrados cerca de la casa o en la chacra, para que cuide y fecunde la producción agrícola.

El mundo de los muertos

Junto con el dolor y condolencias que provoca la muerte de un ser cercano, se presenta también la necesidad de dejar claramente marcada la línea divisoria entre el nuevo muerto y quienes le sobreviven. Esta necesidad se manifesta de diferentes maneras; una de ellas es tomar otro camino de regreso del cementerio (si lo hay) para evitar que el alma regrese; otra es sacudir la ropa y barrer bien todos los huecos de la casa para que no quede algo del espíritu del difunto; el «lavatorio» o la «quema» de las ropas del finado, transcurridos unos días, tiene el mismo sentido; y así otras varias según las costumbres de cada lugar.

Dentro de este contexto se dedican al difunto todos los cuidados rituales necesarios para garantizar su agradecimiento y su bienestar futuro. De esta forma se evita a la vez que el «alma» desesperada, siga molestando a los vivos para recordarles y exigirles el cumplimiento de sus obligaciones hacia ella.

D Preguntas Conteste según la selección.

1. ¿De qué grupos trata la lectura? _____

2. ¿Por qué no se tiene pánico ante la muerte y se acepta? _____
_____

3. Si no consideran la muerte un fin, ¿cómo la consideran? _____
_____

4. ¿Cuando es que existe una «honda inquietud» y por qué? _____
_____
_____

5. ¿Dónde se efectúan los entierros ahora, generalmente? _____
_____

6. ¿Por qué algunos entierran a los muertos cerca de la casa o en la chacra? _____
_____
_____

7. ¿Por qué vuelve la gente del cementerio por un camino diferente? _____
_____

E Comente Contraste la actitud de los indígenas bolivianos ante la muerte con la actitud de mucha gente en los EE.UU.

_____
_____
_____
_____
_____
_____
_____
_____

F. **Explique** ¿Qué son y cuál es el propósito del «lavatorio» y la «quema»?

_____

_____

_____

_____

_____

_____

G. **Una comparación** Contraste el comportamiento de las mujeres con el de los hombres en los velorios y entierros.

_____

_____

_____

_____

H Sobre África Lea.

ADALBERTO ORTIZ

Adalberto Ortiz (1914–   ) nació en el Ecuador, un país que étnicamente se divide en dos regiones completamente diferentes. En el altiplano viven los criollos y los indios serranos; en la costa tropical y húmeda del Pacífico viven los criollos y los negros, los mulatos y los zambos, personas de sangre negra e india. El tema dominante de las novelas y poesías de Ortiz es la raza negra y sus mezclas con indios y blancos. En su poema «Contribución» expresa la triste condición sufrida por su raza a pesar de sus contribuciones a las sociedades del Nuevo Mundo.

CONTRIBUCIÓN

África, África, África,
tierra grande, verde y sol
en largas filas de mástiles[1]
esclavos negros mandó.
Qué trágica fue la brújula[2]
que nuestra ruta guió.
Qué amargos[3] fueron los dátiles[4]
que nuestra boca encontró.
Siempre han partido[5] los látigos[6]
nuestra espalda[7] de Cascol[8]
y con nuestras manos ágiles
tocamos guasa[9] y bongó.[10]
Sacuden[11] sus sones bárbaros
a los blancos, a los de hoy,
invade la sangre cálida
de la raza de color,
porque el alma, la de África
que encadenada[12] llegó
a esta tierra de América
canela y candela[13] dio.

_____

[1]**mástiles** *masts of ships*   [2]**brújula** *compass*   [3]**amargos** *bitter*
[4]**dátiles** *dates*   [5]**han partido** *broke, cracked*   [6]**látigos** *whips*
[7]**espalda** *back*   [8]**Cascol** *resin of a tree from Guiana used to make a black wax*
[9]**guasa** *type of music*   [10]**bongó** *small drum*   [11]**Sacuden** *shake, jolt*
[12]**encadenada** *in chains*   [13]**canela y candela** *spice and fire*

1 **Preguntas** Conteste.

1. ¿Cómo decribe el poeta a África?

_____

2. ¿Qué simbolizará el color verde?

_____

3. ¿Qué simbolizará el sol?

_____

4. ¿Qué se veía en alta mar?

_____

5. ¿Quiénes estaban a bordo?

_____

6. ¿Quién los mandó?

_____

7. ¿Qué guió la ruta de los esclavos?

_____

8. ¿Cómo fue?

_____

9. ¿Qué simbolizarán los dátiles amargos?

_____

10. ¿Qué hicieron los látigos de los dueños de los esclavos?

_____

11. ¿Cuál es la hipérbole que emplea el poeta para describir el color de la piel?

_____

12. ¿Qué tipo de música tocaban los negros?

_____

13. ¿Qué contribución le trajo el negro a esta tierra de América?

_____